KB264085

고통은 헛되지 않아요

고통은 헛되지 않아요

지은이 | 엘리자베스 엘리엇
옮긴이 | 정성묵
초판 발행 | 2019. 11. 13
7쇄 발행 | 2024. 7. 18
등록번호 | 제1988-000080호
등록된 곳 | 서울특별시 용산구 서빙고로65길 38
발행처 | 사단법인 두란노서원
영업부 | 02)2078-3333 FAX | 080-749-3705
출판부 | 02)2078-3330

책값은 뒤표지에 있습니다.
ISBN 978-89-531-3629-8 03230

독자의 의견을 기다립니다.
tpress@duranno.com   www.duranno.com

두란노서원은 바울 사도가 3차 전도 여행 때 에베소에서 성령 받은 제자들을 따로 세워 하나님의 말씀으로 양육하던 장소입니다. 사도행전 19장 8-20절의 정신에 따라 첫째 목회자를 돕는 사역과 평신도를 훈련시키는 사역, 둘째 세계선교TIM와 문서선교단행본·잡지 사역, 셋째 예수문화 및 경배와 찬양 사역, 그리고 가정·상담 사역 등을 감당하고 있습니다. 1980년 12월 22일에 창립된 두란노서원은 주님 오실 때까지 이 사역들을 계속할 것입니다.

고통은
헛되지
않아요

엘리자베스 엘리엇 지음

정성묵 옮김

두란노

‾‾‾‾‾‾‾ 너 나 할 것 없이 '내'가 당하는 고통이 가장 크다고 아우성치는 세상이다. '내가 제일 아프다. 내가 제일 슬프다. 내가 제일 딱하다. 내가 제일 외롭다!' 이 책은 너와 나의 고통의 경중을 비교하는 것, 내가 당한 고통을 영적 우월감으로 보상받으려는 심리를 경계한다. 저자는 자신의 굴곡진 인생 이야기를 담담하게 풀어내며, 시시각각 불청객처럼 찾아오는 마음의 작은 틀어짐과 소요 속에서, 또 인생의 배가 뒤집힐 만한 거친 풍랑 속에서 예수의 품을 파고들라고 우리를 다독인다. 나아가 어떻게 해야 당황스러운 인생의 아픔 속에서 그분을 등지지 않고 그분께로 향할 수 있는지 차근차근 안내한다. 크고 작은 인생의 고난이 오늘도 우리를 참 생명이신 예수께로 떠민다. 고통은 의미 있다. 가치 있다. 결코 헛되지 않다. 몸과 마음이 아픈 모든 이에게 여러모로 도움과 용기가 될 책이다.

이어령 초대 문화부장관, 《지성에서 영성으로》 저자

__________ 이 책은 '이해할 수 없는 고통'을 '수용하는' 경건한 사람의 이야기로 빼곡하다. 저자는 자신이 겪은 고통에 대해 하소연하지 않고 고통을 통해 만난 하나님을 이야기한다. 고통을 통해 하나님을 알아가며 누리는 선물을 가득 담고 있다. 만사를 다스리시는 하나님의 구속을 믿을 때 이해할 수 없는 고통에서도 인생 최상의 열매가 영근다. 녹록지 않은 고통의 삶을 현재 살고 있는 이들과 성도의 삶을 고민하는 이들에게 권한다.

김병년 다드림교회 담임목사, 《난 당신이 좋아》 저자

__________ 위대한 순교자 짐 엘리엇의 아내가 이후 두 번이나 더 결혼한 사실에 이 책을 읽고 놀라지 않을 사람이 있을까? 지금은 천국에 있는 그녀는 인간의 고통과 나약함의 문제를 매우 겸손하고 솔직하게 다루었다. 또한 이 책은 명쾌한 말씀과 해답을 제시함으로써, 혼란한 고통의 문제를 확실한 질서로 잡아 준다. 심각한 고통에 관한 주제를 이렇게 부드럽게 다루면서 사람들의 가슴에 쏙쏙 들어가게 하는 책이 과연 세상에 얼마나 될까? 이 책은 고난을 조련하는 법을 확실히 알고 제시한 놀라운 책이다. 비현실적이고도 일방적이며 종교적인 책들이 난무하는 가운데서 이 책은 독보적이다. 고난에 대한 개념이나 위로 정도의 애매모호한 책이 아닌 귀한 실전용 도서다.

김형민 빛의자녀교회 담임목사, 《많이 힘드셨죠?》 저자

________ 지난 달, 어머니가 뇌출혈로 쓰러지셨다. 응급실에 실려 가셨다는 소식을 듣고 바로 병원으로 향했다. 그 순간 마음속에 일어나는 수많은 시나리오를 다 접고 그중에서 가장 명쾌한 한 가지를 했다. "하나님, 감사합니다. 이 모든 일은 주님이 하십니다. 아멘." 주님이 주신 마음의 평안을 안고 병원에 도착했다. 3주 후 어머니는 어떤 후유증도 없이 건강하게 퇴원하셨다. 엘리자베스 엘리엇 선교사의 원고를 읽으며 그녀의 기도의 무게와 비슷함을 알고 감사했다. 그녀는 수많은 고난과 고생 그리고 고독한 시간을 하나님이 보내시는 말씀이자 사인(sign)으로 믿고 세상에 메시지를 던진 하나님의 사람이다. 신앙의 선배들이 걸어간 길을 우리는 오해한다. 희생과 눈물과 아픔과 상처와 외로움이 가득하다고. 아니다. 참 삶과 기쁨과 평안과 신에 대한 고결한 헌신이야말로 인간이 누리는 가장 큰 축복이자 행복이 아니겠는가. 주님이 그녀의 생애를 통해 주시는 축복을 우리 모두 같이 누리기를 바란다.

김해영 국제사회복지사, 《숨지 마, 네 인생이잖아》 저자

_________ 1995년 겨울 미국 시카고 얼바인 미션 대회에서 말씀을 전할 때 본 엘리자베스 엘리엇의 모습은 형언할 수 없을 정도로 거룩한 하나님의 임재하심이 가득한 사람이었다. 아마도 인생에 불어닥치는 고난의 의미를 주님 안에서 깊이 경험했기 때문이리라! 고통과 고난에 대한 수많은 서적들이 있지만 이 책만큼 실제적인 책은 없다. 엘리엇 여사는 고통을 머리나 지식이 아닌 가슴으로 알고 있다. 그녀는 창조주 하나님 안에서만 고통의 온전한 의미와 해답을 찾을 수 있다고 역설한다. 복수와 증오의 칼날을 가는 대신 남편을 죽인 인디언들을 품고 끝까지 복음을 전했던 한 여인, 마침내 그들을 예수님께로 이끈 이 담대한 신앙인이 전해 주는 고통에 관한 메시지에 이 시대를 사는 우리 모두 귀 기울여야 할 것이다.

최성은 지구촌교회 담임목사

Contents

수 세기 동안 우리는 "순교자들의 피가 교회의 씨앗이다"라는 말을 들어 왔다. 엘리자베스 엘리엇(Elisabeth Elliot) 여사가 펜을 담근 잉크통에는 분명 짐 엘리엇(Jim Elliot) 선교사의 피가 가득할 것이다. 여사는 힘찬 '순교자의 언어들'로 여러 세대에 걸쳐 용감한 선교사들의 가슴에 불을 지폈고, 그들이 복음을 들고 무시무시한 정글과 사막, 크고 작은 도시들로 달려가게 만들었다.

이제 여사가 우리, 그 가운데서도 특히 고난의 맹렬한 공격을 당하는 이들에게 용기를 준다.

나는 고등학생이던 1965년에 엘리자베스 엘리엇 여사의 책 《영광의 문》(*Through Gates of Splendor*, 복있는사람 역간)을 읽으면서 여사를 처음 알았다. 당시만 해도 내가 머지않아 큰 사고를 당해 여사가 말한 그 어두운 골짜기로 직접 들어가게 될 줄은 꿈에도 몰랐다.

세월이 흘러 1976년, 우리 둘 다 캐나다의 한 콘퍼런스에 강사로 초빙되면서 여사를 직접 만났다. 나는 사지마비 환자로 10년 좀 못 되게 고통을 경험한 겨우 스물여섯의 젊은이였고, 그런 내가 이 시대의 성인인 여사와 같은 연단에 선다는 사실이 믿기지 않았다.

콘퍼런스가 한창이던 어느 저녁, 여사가 호텔 방으로 나를 찾아왔다. 여사는 내가 누워 있는 침대 가장자리에 앉았고, 우리는 수많은 고난 중에서도 변함없이 신실하게 대해 주신 하나님에 관한 간증을 허심탄회하게 나누었다. 그때 우리는 그리스도의 고난을 맛보지 않고서는 하나님의 기쁨에 참여할 수 없다는 데 의견을 같이했다. 방을 떠나기 전 여사는 환하게 웃으며 말했다.

"조니, 고통은 헛되지 않아요."

여사가 늘 하던 말이었고 나도 벌써부터 들어 왔던 말이기에 나는 그 말의 의미를 내가 이미 다 이해한다고 생각했다. 짧지 않은 세월 동안 사지마비 환자로 지내면서 그리스도께서 내 삶의 주인이 되신다는 사실을 깊이 받아들이고 나름대로 신앙의 정련을 거쳤기 때문이다. 기도와 말씀에 대한 관심도 훨씬 더 깊어진 상태였다.

그 만남이 있고 나서 2년 뒤 나는 고난에 관한 책을 썼다. 하나님이 고난을 허락하신 성경적인 이유 35가지와 거기서 배울 수 있는 교훈들을 책으로 정리하고 나서 내심 뿌듯했다. 나는 그 책의 추천사를 엘리자베스 엘리엇 여사에게 부탁했고 여사는 흔쾌히 들어주었다. 그런데 그 글에서 여사는 내 책이 훌륭하긴 하지만 다소 설명적이라는 지적을 했다. 기대에 부풀었던 나는 그 말에 일순간 무너져 내렸다. 그 일이 있고 나서 사지마비 환자로 몇 년을 더 지내며 만성통증에 시달린 뒤에야 비로소 나는 고난의 신학적인 배경과 유익을 배우는 것이 전부가 아님을 깨달았다.

여사는 진정한 성숙과 기쁨, 만족이 하나님의 계획을 기계적으로 분석하는 것보다 구주의 품 쪽으로 떠밀려지는 것과 더 관련이 있다는 사실을 알고 있었다. 깔끔하게 정리된 목록이 아니라 하나님의 사자와 맹렬하게 주고받는 처절한 씨름이 더 필요하다. 고난을 겪고 나면 성경이 주는 답은 '성경의 하나님'과 분리될 수 없다는 여사의 교리를 이해할 수 있다. 이 진리가 마비와 고통, 암을 벗 삼아 살아온 50년 세월 동안 나를 이끌었다.

엘리자베스 엘리엇 여사의 신실하고도 용감한 삶은 많은 사람에게 힘과 용기를 주었다. 여사는 우리가 우주에서 가장 강한 세력들이 맞붙은 격전 중에 있다는 사실을 보게 해 주었다. 나아가 우리는 이 놀라운 여인이 교회를 향해 내놓은 드높은 비전에 힘입어 과감히 그 전쟁 속으로 뛰어들고 있다. 여사의 삶과 글은 하나님이 고난의 제단 위에 두신 이들에게 영혼의 밥이요 물이다.

《고통은 헛되지 않아요》에서 영혼을 살찌워 줄 참신하고도 통찰력 깊은 글들을 또다시 만났다. 비록 지금 여사는 하늘에 있지만, 이 전쟁에서 우리에게 박차를 가해 줄 여사의 글을 더 만날 수 있어서 얼마나 감사한지 모른다. 지금 당신 손에 들려 있는 이 책은 여사의 생각들을 새롭게 담아낸 놀라운 책이다. 여사가 하늘의 관람석에서 당신을 바라보며 고통 중에 주님을 굳게 붙들라고 격려하는 모습을 상상하면서 읽기 바란다.

이 책을 읽으면 고통이 왜 헛되지 않은지를 분명히 알 수 있다. 여사가 전하는 지혜 하나하나를 오랫동안 곱씹으라. '예수님과 그분의 복음이 이렇게까지 아름다웠단 말인가!' 하며 새삼 놀랄 것이다. 따끈따끈한

이 책에 담긴 시대를 초월한 진리를 박차로 삼아 분발
하자. 여사의 말을 마음에 새겨 언젠가 더없이 찬란한
천국의 문을 우리 함께 통과하자.

조니 에릭슨 타다(Joni Eareckson Tada)

조니와 친구들 국제장애센터(Joni and Friends International Disability Center)

2019년 봄

발행인의 글

엘리자베스 엘리엇 여사는 2015년 6월 15일 매사추세츠주 매그놀리아에 있는 자택에서 숨을 거두었다. 세상을 떠나기 전 그녀는 오랫동안 치매에 시달려 왔지만 자신이 평생 충성스럽게 전해 왔던 구주께로 돌아갈 준비를 이미 다 마친 상태였다. 여사가 구주를 충성스럽게 가르쳐 왔음을 내가 아는 것은, 그녀가 내게도 구주를 가르쳐 주었기 때문이다. 비록 그녀가 치

매로 목소리를 잃은 뒤에야 그녀를 만났지만 그녀의
주옥같은 말들은 평생 내 가슴 깊이 남아 있을 것이다.

진짜 여자가 되라는 하나님의 부르심을 들으라. 그
부르심에 순종하라. 섬김에 온 힘을 쏟으라. 그렇게
하면 하나님이 세상을 섬기라고 주신 남편과 가족을
섬기든 혹은 남편과 가족의 위로 없이 세상을 섬기기
위해 하나님의 섭리로 미혼으로 남든, 온전한 삶,
온전한 자유, (내가 경험하는) 온전한 기쁨을 누릴 것이다.

Let Me Be a Woman(진짜 여자가 되게 해 주십시오)에 실
린 이 인용문은 하나님과의 동행에서 내게 도전과 격
려가 되었던 그녀의 수많은 말 중 하나다. 나는 어릴
적부터 예수님을 믿지는 않았기 때문에 여사가 건강
이 나빠져 출간 활동과 라디오 활동을 멈춘 뒤에야 그
녀를 알았다. 처음 그녀의 사역을 접한 것은 그녀가 쓴
책 《영광의 문》을 만나면서다. 그 책을 펴자마자 정신
없이 빠져들었던 기억이 난다.

이후 수년이 흐른 어느 날, 출판인으로서 엘리자베스 엘리엇 여사의 절친한 친구를 만났다. 그는 오랫동안 여사에게 제자훈련을 받으며 여사와 깊은 우정을 쌓은 사람이었다. 그는 내가 여사의 책에 감동받아 여사의 자료를 모조리 찾아서 읽었다는 사실을 알고서 내게 귀한 선물을 하나 보냈고, 그 선물은 훨씬 더 큰 열매로 이어졌다.

그 선물은 "고통은 헛되지 않아요"라는 제목의 강연 CD 세트였다. 총 여섯 장의 CD였는데 실로 감동적이고 힘 있는 메시지였다. 엘리자베스 여사의 최고 자료일 뿐만 아니라 내가 여태껏 들은 가르침 가운데 최고라고 할 만하다. 몇 세트를 더 구해서 친한 친구들에게 선물했는데 다들 인생에 큰 도움이 되었다며 입에 침이 마르도록 칭찬했다.

몇 년이 지난 뒤에도 그 CD를 통해 들은 고통에 관한 가르침이 자꾸만 떠올랐다. 그러다 문득 그 내용으로 정말 귀한 책을 만들 수 있겠다는 생각이 들었다.

그러던 중 2012년 어느 날, 내게 CD를 준 여사의 친구와 엘리자베스 엘리엇 여사 그리고 여사의 남편 라스 그렌(Lars Gren)과 함께 텍사스의 여러 행사에 참석할 기회가 생겼다. 엘리자베스 여사는 말을 할 수 없을 정도로 건강이 좋지 않았다. 하지만 내 속을 훤히 들여다보는 것만 같은 그 푸른 눈과 내 눈이 서로 통하는 순간들이 있었다. 그때마다 여사는 내 손을 꼭 쥐며 말을 하려고 애썼다. 그 순간만큼은 여사가 내 말을 이해할 거라는 확신이 들었다. 그래서 하나님이 내 삶뿐만 아니라 그녀를 직접 만나 보지 못한 수많은 젊은 여성들의 삶에서 그녀를 귀하게 사용하셨다고 말해 주었다.

사실 그때 말조차 제대로 할 수 없는 여사를 보다가 어느 순간 하나님을 향한 원망이 밀려왔다. 하나님께 일생을 바친 이 놀라운 여인에게 이런 고난을 허락하신 하나님을 도무지 이해할 수 없었다. 그러다 머릿속에서 여사의 음성이 들렸다.

"십자가는 기쁨으로 가는 문이에요."

십자가보다 더 큰 고난이 또 있는가? 그때 여사의

고난이 그녀가 평생 전했던 가르침과 전혀 상충하지 않음을 깨달았다. 여사는 많은 고난을 겪었고 그 고통을 통해 언제나 우리에게 가르침을 주었다. 여사는 인생을 잘 살아 냈기 때문에 또한 잘 마무리했다.

그 만남이 있고 6년 뒤, 그러니까 여사가 소천하고 나서 거의 4년 뒤인 지금 이 책을 세상에 내놓는다. 오래전에 내가 받은 CD 세트에 담겨 있던 내용을 아주 살짝만 바꾸었다. 원래는 엘리자베스 엘리엇 여사가 소규모 콘퍼런스에서 여섯 번에 걸쳐 나누어 전한 강연 내용으로, 전에 책으로 출간된 적이 없는 메시지다. "이번 시간"이나 "어제 강연" 등 콘퍼런스 당시에만 필요한 단어나 구절처럼 독자의 읽기를 방해할 만한 내용만 가지치기를 했다. 그만큼 여사의 분명한 목소리를 책으로 고스란히 옮기려고 노력했다.

이 책을 통해 엘리자베스 엘리엇 여사가 수많은 사람들에게 뿌린 씨앗이 계속해서 열매를 맺을 뿐 아니라, 여사의 사역이 새로운 세대에 새롭게 소개되기를 간절히 소원한다.

마지막으로, 이 서문을 다시 읽어 보니 정작 여사 본인은 이 모든 찬사를 반가워하지 않을 것 같다는 생각이 든다. 여사는 누구보다도 은사가 많고 충성스러웠지만 여전히 한 인간이요 여자였다는 점을 인정할 수밖에 없다. 그녀 역시 불완전한 죄인이었고 그 점을 언제나 겸손히 인정하며 살았다. 다만 여사의 인생이 여느 사람들과 구별되는 점은 남다른 고통이 만들어 낸 수많은 틈으로 그리스도의 빛이 환하게 드러났다는 것이다.

제니퍼 라이엘(Jennifer Lyell)

2018년 10월

SUFFERING

IS *NEVER* FOR

NOTHING

CHAPTER 1

하나님의 임재는
내 가혹한 현실을
바꾸지 못했다

그러나 그 고통이
'진정한 피난처'로
나를 떠밀었다

첫 남편 짐 엘리엇이 와오라니 인디언 지역에서 실종되었다는 소식을 들었을 때 하나님은 내 마음속에 이사야 선지자의 글이 떠오르게 하셨다.

"네가 물 가운데로 지날 때에 내가 너와 함께할 것이라 강을 건널 때에 물이 너를 침몰하지 못할 것이며"(사 43:2).

나는 조용히 기도를 드렸다.

"주님, 물이 저를 침몰시키지 못하게 해 주십시오."

주님은 내 기도를 듣고 응답해 주셨다.

2년 뒤, 나는 남편을 죽인 인디언들을 찾아가 함께 살았다. 그리고 16년 뒤 미국으로 돌아와서 애디슨 레이치(Addison Leitch)라는 신학자와 재혼했다. 하지만 안타깝게도 그는 3년 반 만에 암으로 세상을 떠났다.

내 삶에서는 이외에도 힘든 일이 다양하게 벌어졌다. 당신도 마찬가지일 것이다. 물론 나는 당신이 어떤 일을 겪었는지, 왜 당신에게 그런 일이 일어났는지 정확히 알지 못한다. 하지만 그것을 다 아시는 분을 안다.

나는 하나님이 내게 가장 큰 교훈을 가르쳐 주신 것은 바로 가장 큰 고난을 통해서였음을 깨달았다. 이 사실을 믿으면 하나님이 세상 모든 일을 다스리신다는 흔들리지 않는 확신에 도달할 수 있다. 하나님이 궁극적으로 추구하시는 목적은 바로 사랑이다. 그리고 하나님은 끔찍한 것을 놀라운 것으로 바꾸실 수 있다. 그런 의미에서 고난은 결코 헛되지 않다.

C. S. 루이스는 고통의 문제에 관한 책을 써 달라는 부탁을 받았을 때 익명으로 쓰고 싶다는 뜻을 전했다. 하지만 저자를 밝히지 않는 것은 시리즈 특성상 맞지 않는다는 이유로 그의 요청은 거절당했다. 그래도 결국 루이스는 글을 썼고, 그는 책 서문에서 이렇게 밝혔다. "고통에 관한 내 진짜 생각을 말하려면 나를 아는 모든 사람에게 비웃음을 당할 각오로 말할 수밖에 없다."[1] 지금 내 심정이 그와 같다.

남들의 가슴 아픈 사연을

하나님이 내게 가장 큰 교훈을
가르쳐 주신 것은 바로
가장 큰 고난을 통해서였다.

듣노라면 그때껏 내가 겪은 고통은 아무것도 아닌 것처럼 보인다. 예를 들어, 사지가 마비된 채 코네티컷의 한 요양원에서 24시간 내내 왼쪽이나 오른쪽으로 누워 있는 내 친구 잔(Jan)에 비하면 내가 겪은 고통의 정도는 유치원생에 불과하다. 다리 없이 태어난 캘리포니아에 있는 친구 주디 스콰이어(Judy Squier), 아이를 셋이나 잃은 친구 고(故) 조 베일리(Joe Bailey)에 비해서도 마찬가지다.

하지만 설령 내가 오로지 관찰을 통해서만 고통을 안다 해도 고통이 지독한 불가사의라는 사실만큼은 분명히 말할 수 있다. 고통은 세상 누구도 진정으로 이해할 수 없는 불가사의다. 그리고 이것은 세상 모든 사람이 살면서 한 번쯤은 그 이유를 알기 위해 몸부림치는 불가사의다. 고통의 불가사의와 우리를 사랑하신다는 기독교의 하나님 개념을 나란히 놓고 보면, 인간 경험은 물론이고 주변 모든 것이 전혀 사랑의 하나님을 가리키지 않는 것처럼 보인다.

내 어릴 적 이야기를 잠깐 하고 싶다. 나는 매우 독

실한 기독교 가정에서 나고 자랐다. 부모님은 두 분다 일주일 내내 교회에서 산다고 말해도 지나치지 않을 정도로 신앙에 열심이셨다. 우리 집 현관 벨 위에는 "그리스도는 이 집의 머리이시며 식사 때마다 보이지 않는 손님이시며 모든 대화를 조용히 들으시는 분이다"라는 작은 동판이 걸려 있었다. 우리 육남매는 하나님이 사랑이시라고 배웠다. 우리 육남매가 가장 처음 배운 찬송은 "예수 사랑하심은 거룩하신 말일세. …… 날 사랑하심 성경에 써 있네"였다.

아홉 살 때 나는 남자아이가 마흔두 명이나 사는 동네에 살았는데, 여섯 블록쯤 떨어진 곳에 사는 에시(Essie)라는 동갑내기 여자아이와 친하게 지냈다. 그런데 그해에 그만 에시가 세상을 떠났다.

이런 일도 있었다. 내가 더 어릴 때 일이다. 하루는 우리 집에 중국에 선교사로 간다는 손님이 찾아왔다. 그 선교사의 이름은 베티 스콧(Betty Scott)이었다. 그녀는 중국에 가서 약혼자 존 스탬(John Stam)과 결혼을 했다. 그런데 몇 년 뒤 어느 날 저녁 아버지가 들고 온 신문에는 존과 베티 스탬 부부가 중국 공산당원들에게 체포되어 거의 벌거벗겨진 채 길거리에서 끌려다니다 무참하게 참수형을 당했다는 기사가 실려 있었다. 그 어린 나이에 내가 얼마나 큰 충격을 받았을지 상상해 보라. 중국에 가기 전에 우리 집 식탁에서 함께 밥을 먹으며 우리에게 간증을 해 주었던 사람이 목이 잘려 죽었다니.

찰스 린드버그(Charles Lindbergh)의 생후 20개월 된 아기가 유괴되었다는 신문 기사도 생생히 기억이 난다. 그 시절 나는 밤에 잠자리에 들 때마다 내 방 창문 밖으로 사다리가 올라오는 상상을 했다. 부모님은 내가 이런 걱정을 하는 줄 모르고서 전혀 그런 걱정을 하지 않았다. 하긴, 우리는 부자라 불릴 만한 집이 아니었기 때문에 나 같은 아이를 유괴하려는 사람이 있을 리가 없었다.

어쨌든 나는 코흘리개 시절부터 그리 멀지 않은 주변 상황을 통해 죽음을 경험했다. 최근 이야기를 하자면, 불과 몇 주 전 우리 부부와 친한 한 부부가 전화를 했다. 이분척추증에 걸린 채로 태어난 네 살짜리 아이를 둔 부부였는데, 부인이 임신을 했는데 검사를 해 보니 이번 아이에게서도 이분척추증이 확인되었다고 했다. 부부는 너무 가슴이 아프다며 우리에게 기도해 달라고 간곡히 부탁했다. 이런 이야기를 듣노라면 나 자신의 고통은 고통도 아닌 것처럼 느껴진다.

생각이 있는 사람이라면 묻지 않을 수 없다.

"이 모든 고통 속에서 하나님은 어디 계신가?"

"인간이 겪는 고통을 다룬 참담한 데이터를 보고도 하나님을 믿을 수 있는가?"

도스토옙스키(Dostoevsky)가 쓴 유명한 소설 《카마라조프 가의 형제들》(*The Brothers Karamazov*)에서 이반 카라마조프(Ivan Karamazov)가 알료샤(Alyosha)에게 던진 바로 그 질문이다.

이반이 동생 알료샤에게 이렇게 말한다.

배울 만큼 배웠다는 이 부모들은 겨우 다섯 살 먹은 그 가엾은 여자아이에게 온갖 고문을 했지.

아무 이유도 없이 쥐어박고 채찍질하고 발길로
차서 온몸에 멍이 들게 했어. 또 한밤중에 알아서
일어나서 변소에 가지 않았다는 이유로 아이를 밤새
옥외변소에서 벌벌 떨게 했지. 곤한 잠에 빠진 다섯
살짜리 아이가 어떻게 매번 알아서 변소를 가겠니?
그런데도 부모는 아이가 싼 똥을 아이에게 처바르고,
그것도 모자라 똥을 먹게 했지. 엄마가, 그 아이를
낳은 친엄마가 말이야! 이 엄마는 그 더러운 곳에서
불쌍한 아이가 밤새도록 신음하는데도 단잠을 잤지.
자기가 무슨 일을 당하는지 이해할 수조차 없는 그
어린 녀석이 춥고 어두운 변소 안에서 그 고사리 같은
손으로 상처투성이 작은 가슴을 두드리며, 혹시라도
'사랑하는 하나님'이 보호해 줄까 싶어 서글프고도
연약한 눈물로 호소하는 모습을 상상할 수 있겠니?
내 동생아, 경건하고 겸손한 수사야, 이 말도 안 되는
상황을 이해할 수 있겠니? 이런 어처구니없는 일이
왜 필요한지, 왜 일어나는지 알겠니? …… 그래서
당장 내 표를 반납하려는 거야. 정직한 사람이라면

최대한 빨리 표를 반납하는 게 옳아. 그래서 그렇게 하려는 거야. 하나님을 받아들이지 않는 게 아냐, 알료샤. 그냥 최대한 정중하게 표를 반납하는 것일 뿐이야. …… 솔직히 말해 봐. 한번 대답해 봐. 네가 결국 사람들을 행복하게 해 주기 위해, 최종적으로 사람들에게 평안과 쉼을 주기 위해 인간 운명의 건축물을 짓고 있는데, 그 건축물을 짓기 위해서는 어쩔 수 없는 작은 생명체 하나, 그러니까 고사리 같은 주먹으로 자기 가슴을 쳤던 그 한 아이를 고문해야 한다고 생각해 봐. 아무도 알아주지 않은 그 아이의 눈물 위에 네 건축물을 올린다면? 너라면 그렇게 해서라도 건축물을 올리겠니? 자, 어서 진실을 말해 봐.[2]

이번 장에서 내가 말하려는 것은 내가 본 분명한 진실이다. 이번 주에 나는 그 진실, 그 현실을 더없이 생생하게 마주했다. 그 현실은 바로 코카인을 흡연하는 엄마의 품에서 목청이 터져라 울고 있는 갓난아기를 찍은 〈타임〉(Time)지 사진에 담겨 있었다. 내 머릿속에 각인된 그 사진만 봐도 내가 이번 장에서 하려는 말을 다 들은 셈이나 다름없다.

언젠가 비행기 안에서 *Master of Life Manual*(인생의 주인이 되기 위한 매뉴얼)이라는 책을 읽는 여자 옆에 앉은 적이 있다. 표지를 보니 형이상학, 뇌 및 정신의 각성, 인간 잠재력의 원칙들, 그리고 "지금 당신만의 현실을 창출하라" 등의 내용을 담은 책이었다. 그때, 인간 고통에 관한 현실이 아무리 참담하다 해도 나만의 세계에 빠져드는 현실 도피는 답이 아니라는 생각을 했다.

자, 이제 묻자. 고통이 헛되지 않다고 믿을 만한 이유가 있는가? 모든 고통 이면에 영원하고도 완벽한 사랑이라는 목적이 있는가? 그렇다 해도 그 이유와 목적은 우리 눈에 분명하고 정확하게 보이지 않는다. 하지만 수천 년 동안 수많은 사람이 이 안타까운 현실 앞에서도 사랑의 하나님이 계신다고 믿어 왔다. 그들은 하나님이 이런 현실을 허락하면서도 여전히 우리를 사랑하신다고 믿었다. 지금도 많은 사람이 하나님이 자신이 하는 일을 정확히 아시며 온 세상을 장중에 붙들고 계신다고 믿는다.

그런데 다시 말하지만, 그 이유는 분명하지가 않다. 그 수많은 사람들이 다 청각장애인이거나 시각장애인이거나 바보라서 당신과 내가 매일같이 보는 인간 고통에 관한 데이터들을 전혀 못 듣고 못 보는 것은 아닐 터이다. 그렇다면 그 이유는 무엇인가?

F. W. H. 마이어스(Myers)의 시 "성 바울"(St. Paul)에 이런 대목이 있다. "내세에 보상을 받기에는 악(혹은 고통)이 너무 심하지 않습니까? 이 절망적이고 끔찍한 세월은 다 무엇입니까? 당신의 온 피조물이 신음하는 소리, 노예들의 탄식과 여인의 울음 소리를 전혀 듣지 못하셨습니까?"[3]

답은 분명하지 않다. 하지만 무언가 답이 있어야 한다. 나는 그 답을 찾고, 당신과 내가 이 고통의 문제에 관해서 할 수 있는 일이 있는지 찾고 싶다. 인생에는 인간인 우리가 어떻게 할 도리가 없는 일이 많이 일어나지만, 그래도 나는 하나님은 우리가 무언가를 하기를 원하신다고 믿는다. 더불어 이 책이 끝날 때 당신이 그 무언가를 찾기를 간절히 바란다.

요즘 '고난'(suffering; 고통)이라는 단어가 너무 다양하게 쓰이고 너무 고상하고 아름다운 것처럼 미화된 측면이 없지 않다. 그리고 만약 내가 독자들의 사연을 들어 본다면 그야말로 온갖 종류와 강도의 고난이 등장할 것이다. 그런가 하면 자신은 고난 같은 건 모르고 살아왔다고 말하는 독자들도 있을 것이다. 자신은 조니 에릭슨 타다나 조 베일리, 심지어 엘리자베스 엘리엇이 겪은 일 같은 건 겪은 적이 없다고 말이다. 반대로, 내가 겪은 고난은 고난도 아닐 정도로 더 극한의 고난을 겪은 독자들도 있을 것이다.

그래서 모든 종류를 망라하는 고난의 정의를 제시하고 싶다. 세탁기가 넘치거나 상사를 저녁 식사에 초대했는데 고기가 타 버린 것처럼 상대적으로 사소한 일에서 남편이 암에 걸리거나 아이가 중한 병에 걸리거나 당신이 모든 것을 잃은 것처럼 심각한 일까지. 이제부터 내가 제시하는 정의라면 이 모든 종류를 다 망라할 수 있으리라 생각한다.

내 정의는 작은 일, 때로는 황당할 정도로 사소한 일에도 적용된다. 당신도 나와 같다면 큰일에 비해 전혀 중요하지 않은 일에 불같이 화를 낼 때가 있을 것이다. 자, 내가 내리는 고난(고통)의 정의를 소개한다.

"고난은 원치 않는 것을 갖거나 원하는 것을 갖지 못하는 것이다."

이 정의라면 모든 고난을 망라하지 않을까 싶다. 예를 들어, 원치 않는 것을 가진 사람이 아무도 없는 세상을 상상할 수 있는가? 이를테면 치통도 세금도 꼴 보기 싫은 친척도 교통 체증도 없는 세상. 반대로, 모두가 원하는 모든 것을 가진 세상을 상상할 수 있는가? 이를테면 완벽한 날씨나 완벽한 아내, 완벽한 남편, 완벽한 건강, 완벽한 점수, 완벽한 행복만 있는 세상.

맬컴 머거리지(Malcolm Muggeridge)는 이런 말을 했다. "고난을 모두 없앤다고 해 보라. 그런 세상은 정말 무시무시한 곳일 것이다. 자만과 교만에 빠지기 쉬운 인간 성향을 바로잡을 모든 것이 사라졌으니까 말이다. 인간은 지금도 충분히 나쁜데 고난을 겪지 않으면 도

저히 못 참아 줄 정도로 나빠질 것이다."⁴

고통은 헛되지 않다. 내 인생에서 가장 중요한 큰 교훈은 대개 가장 큰 고난에서 얻은 것이다. 가장 깊은 물속, 가장 뜨거운 불속에서 하나님에 관한 가장 깊은 것들을 깨달았다. 아마 대부분의 독자들이 고개를 끄덕이리라 생각한다.

나아가 내 인생의 가장 큰 선물들도 가장 큰 고통과 함께 찾아왔다. 예를 들어, 내 인생의 가장 큰 선물 중 두 가지는 결혼한 것과 엄마가 된 것이다. 고통을 원치 않으면 아무것도, 아무도 사랑하지 않기 위해 아주 조심하면 된다. 내게 사랑의 선물은 곧 고통의 선물이었다. 이 둘은 서로 떼려야 뗄 수 없다.

이 책에서 나는 독자들에게 신학자요 학자였던 R. C. 스프로울(Sproul)처럼 다가가지 않으려고 한다. 사이드라인 밖에 서서 이런 것을 고민해 온 사람이 아니라 나름대로 적지 않은 고통을 겪은 사람으로서 독자에게 다가가려고 한다. 바로 이 고통에서 하나님이 사랑이시라는 흔들리지 않는 확신이 솟아났다.

우리 딸아이 발레리(Valerie)
가 두 살이었을 때, 그러니까
아이 아버지 짐이 세상을 떠난
지 일 년이 넘었을 무렵부터 나
는 발레리에게 시편 23편 등을
가르쳤다.

"여호와는 나의 목자시니 내게 부족함이 없으리로
다 그가 나를 푸른 풀밭에 누이시며 쉴 만한 물가로 인
도하시는도다 내 영혼을 소생시키시고 자기 이름을
위하여 의의 길로 인도하시는도다"(시 23:1-3).

그 어린아이가 "쉴 만한 물가로 인도하시는도다"라
고 읊조리던 소리가 지금도 귓가에 생생하다. 아이가
이 구절을 따라하는 소리(녹음한 테이프를 지금도 갖고 있다)를
들었을 때 그 이상한 억양을 어디서 배웠을까 하는 생
각을 했다. 그러다 금방 그 구절을 한 자 한 자 읽어 준
자기 엄마한테 배웠다는 걸 깨달았다. 딸아이가 "쉴
만한 물가로"라고 말하면 내가 "인도하시는도다"라고
말했고, 그러면 아이도 또 "인도하시는도다"라고 따라

했다. 그렇게 딸아이는 시편 23편을 배웠다.

아이에게 내가 가장 좋아하는 시편 중 하나인 91편도 가르쳤다.

"지존자의 은밀한 곳에 거주하며 전능자의 그늘 아래에 사는 자여, 나는 여호와를 향하여 말하기를 그는 나의 피난처요 나의 요새요 내가 의뢰하는 하나님이라 하리니 이는 그가 너를 새 사냥꾼의 올무에서와 심한 전염병에서 건지실 것임이로다 그가 너를 그의 깃으로 덮으시리니 네가 그의 날개 아래에 피하리로다 그의 진실함은 방패와 손 방패가 되시나니 너는 밤에 찾아오는 공포와 낮에 날아드는 화살과 어두울 때 퍼지는 전염병과 밝을 때 닥쳐오는 재앙을 두려워하지 아니하리로다 천 명이 네 왼쪽에서, 만 명이 네 오른쪽에서 엎드러지나 이 재앙이 네게 가까이하지 못하리로다"(시 91:1-7).

아버지가 식인종으로 오해를 받아 인디언들에게 죽임당하는 일을 겪은 어린아이에게 그 사건으로 과부가 된 엄마가 이 시편의 의미를 어떻게 가르쳐야 할

지 생각해 보라. 그 아이가 "(예수님이) 날 사랑하심"이라는 찬송 가사의 의미를 배운 것은 아버지가 살해당했기 때문이 아니다. 발레리는 그것을 그런 식으로 배우지 않았다. 아이가 그것을 배운 것은 "(예수님이) 날 사랑하심"이 "성경에 써" 있기 때문이다. 아이는 〈너 근심 걱정 말아라〉라는 찬송가도 배웠다(찬송가 432장-편집자). 그런데 천 명이 네 왼쪽에서, 만 명이 네 오른쪽에서 엎드러지나 이 재앙이 네게 가까이하지 못할 것이라는 점을 내가 딸에게 어떻게 설명할 수 있을까?

내가 이런 말을 하는 것은 내가 무너지지도 흔들리지도 않는 믿음의 기초 위에 서기 위해 이를 악물고 노력해야 했다는 점을 말하고 싶어서다.

하나님은 나의 피난처시다. 그렇다면 하나님은 내 첫 남편 짐에게도 피난처이셨는가? 하나님이 짐의 요새셨는가? 와오라니 인디언들에게 살해당한 그 다섯 명은 그 지역에 들어갈 때 "우리의 방패요 보호자, 당신을 의지합니다"라고 찬양했다.

'그런데 도대체 왜?'

이생에서는 이 오랜 질문에 지적으로 만족할 만한 답을 찾을 수 없다. 나 또한 찾지 못했다. 하지만 대신 평안을 찾았다. 내가 당신에게 제시하는 답은 설명이 아니라 사람이다. 바로 나의 구주요 나의 하나님이신 예수 그리스도시다.

이 책 도입부에서 고백했듯이 남편 짐이 실종됐다는 소식을 듣고 나서 닷새 동안 그의 생사 여부를 알지 못했을 때, 하나님이 내 마음속에 이사야서 43장 말씀을 주셨다. "네가 물 가운데로 지날 때에 내가 너와 함께할 것이라 강을 건널 때에 물이 너를 침몰하지 못할 것이며 네가 불 가운데로 지날 때에 타지도 아니할 것이요 불꽃이 너를 사르지도 못하리니 대저 나는 여호와 네 하나님이요"(사 43:2-3).

당시 하나님은 인간적인 시각에서 모든 것이 잘될 거라고 말씀하신 것이 아니었다. 하나님은 남편을 육체적으로 보호해서 내게 돌려보내리라 약속하시지 않았다. 대신 하나님은 내게 한 가지 분명한 약속을 주셨다.

"내가 너와 함께해 주겠다. 나는 네 하나님 여호와다."

하나님은 나를 사랑하사 내게 자신을 내주신 분이다.

이반 카라마조프가 동생 알료샤에게 한 도발은 2천 년 전 예수님이 십자가 위에서 당하신 도발을 생각나게 한다. "너는 성전을 허물고 사흘 만에 다시 지을 수 있는 사람이니 스스로를 구원하라! 네가 하나님의 아들이라면 알아서 내려와라!"

종교 지도자들이 예수님을 조롱했던 말이 기억나는가? "남들은 구원해 놓고서 자신은 구원하지 못하는구나. 하나님을 믿으니 하나님더러 지금 구해 달라고 해라. 기적을 행했다고 하니 지금 증명해 봐라. 하나님의 아들이라고 하던데 한번 증명해 봐라."

자, 고통이 존재한다는 가혹한 현실이 다시 눈에 들어온다. 질문은 여전히 남아 있다. "하나님이 관심을 쏟고 계시는가? 그렇다면 왜 행동하시지 않는가?"

하나님은 행동하셨다.

하나님은 행동하고 계시며 행동하실 것이다.

이 주제는 십자가를 통해서만 접근할 수 있다. 세

상이 그토록 경멸했던 그 낡고 투박한 십자가. 인류 역사상 최악의 사건이 알고 보니 역사상 가장 좋고 위대한 사건이었다. 십자가가 나를 구원했기 때문이다. 십자가는 세상을 구원한다. 하나님은 독생자 예수님을 십자가에서 죽게 하시면서까지 사랑을 증명해 보이셨다. 그렇게 하나님의 사랑은 십자가 위에서 고통과 하나로 융화되었다.

바로 이것이 우리 질문의 핵심이다. 라틴어를 공부해 본 사람이라면 라틴어에서 '핵심'(crux)은 곧 '십자가'(cross)라는 걸 알 것이다. 그렇다. 십자가 위에서만 우리는 고통과 사랑의 모순을 녹여 낼 수 있다. 하나님의 사랑을 이해하기 전까지 우리는 절대 고통을 이해할 수 없다.

지금 우리는 상황을 이해하기 위한 두 가지 차원에 관한 이야기를 하는 것이다. 성경 곳곳에서 우리는 완전한 패러독스를 만날 수 있다. 그것은 성경이 두 가지 다른 나라에 관해 이야기하기 때문이다. 보이는 세상이 있고, 이 세상에서 일어나는 모든 일들이 설명되는 보이지 않는 세상이 존재한다.

예를 들어, 팔복을 보자. 예수님이 산 위에 모인 무리에게 하셨던 패러독스에 관한 놀라운 말씀이다. 예수님은 정말 이상한 말씀을 하셨다. 슬픔의 의미를 아는 사람은 얼마나 복된지 모른다. 아무것도 가지지 못한 사람은 복되다. 박해를 받은 사람은 복되다. 사람들에게 비난과 푸대접을 받고 온갖 모함을 받은 사람은 복되다. 그러니 기뻐하고 또 기뻐하라.

이것이 말이 되는가? 두 나라의 존재를 알지 않고서는 도무지 말이 되지 않는다. 이 세상의 나라와 보이지 않는 세상의 나라. 사도 바울은 이 둘의 차이를 알고서 예수님을 위해 고난받는 것이 자신의 행복이라는 말을 했다. 허튼소리처럼 들리지 않는가? 하지만 이것은 엄연히 하나님의 말씀이다.

자넷 어스킨 스튜어트(Janet Erskine Stuart)는 이런 말을 했다. "기쁨은 고통의 부재가 아니라 하나님의 임재다."[5]

시편 기자 역시 사망의 어두운 골짜기에서 이 사실

을 발견했다. 시편 기자는 "해(害)를 두려워하지 않을 것은"이라고 말했다. 그런데 그는 해가 존재하지 않기 때문에 해를 두려워하지 않는다고 말한 것일까? 아니다. 그는 그 정도로 세상 물정을 모르는 사람이 아니었다. 해 곧 악은 엄연히 존재한다. 우리는 악하고 망가지고 왜곡되고 타락하고 뒤틀린 세상에서 살고 있다. 시편 기자는 이렇게 말했다. "해를 두려워하지 않을 것은 주께서 나와 함께하심이라 주의 지팡이와 막대기가 나를 안위하시나이다"(시 23:4).

1956년 에콰도르 정글의 단파 수신기 앞에 서서 남편 짐의 실종 소식을 들었을 때 하나님은 내 마음속에 선지자 이사야의 말을 떠오르게 하셨다. "네가 물 가운데로 지날 때에 내가 너와 함께할 것이라."

그때 나의 반응은 그리 영적이지 못했다. 나는 하나님께 이렇게 말했다. "하나님, 당신은 항상 저와 함께 계시지 않습니까? 지금 제가 원하는 건 제 남편 짐이 제 곁에 있는 거예요. 저희는 5년 반을 기다려서야 어렵게 결혼했는데 겨우 27개월밖에 같이 지내지 못했어요."

그리고 닷새 뒤 남편이 죽었다는 걸 알게 되었다. 하나님이 나와 함께하신다고 해서 남편이 나와 함께 있는 건 아니었다. 너무도 가혹한 현실이었다. 하나님의 임재는 내가 과부이며 죽을 때까지 과부로 살리라는 가혹한 현실을 바꾸지 못했다. 그러나 짐의 부재라는 크나큰 고통이 내 진정한 소망이요 유일한 피난처이신 하나님께로 나를 이끌었다.

나는 짐의 죽음을 겪으면서 하나님이 어떤 분이신지 깨달았다. 이 경험이 아니었다면 결코 그것을 깨닫지 못했을 것이다. 고난은 내게 하나님이 하나님이시라는 절대적인 진리를 깨닫게 해 준 필수불가결한 도구였다.

물론 지금도 하나님께 묻고 싶다.

'하나님, 그 아기들은 왜요? 그 연약한 아기는 왜 이분척추증을 안고 태어난 겁니까? 엄마

고난은 내게
하나님이 하나님이시라는
절대적인 진리를 깨닫게 해 준
필수불가결한 도구였다.

가 코카인이나 헤로인, 술에 중독된 탓에 심각한 장애를 안고 태어나 평생 고생을 할 그 아기들은 도대체 뭡니까? 린드버그의 아기와 선교지에서 참수형을 당한 스탬 부부는 도대체 왜 그렇게 된 겁니까? 이 모든 일은 왜 일어난 겁니까?'

나는 당신이 하는 질문은커녕 내 질문에도 답할 수 없다. 단 하나 줄 수 있는 것이 있다면, 바로 성경 말씀이다. 예수 십자가의 힘을 알았던 사도 바울의 말은 전해 줄 수 있다. 바울은 이렇게 말했다. "생각하건대 현재의 고난은 장차 우리에게 나타날 영광과 비교할 수 없도다 피조물이 고대하는 바는 하나님의 아들들이 나타나는 것이니"(롬 8:18-19).

자기 뜻이 아니라 굴복하게 하시는 이로 말미암아 허무한 데 굴복한 수많은 피조물들. 하지만 언제나 소망이 있다. 무엇보다도 내게 말할 수 없는 위로가 되는 것은 우주 자체가 썩어짐의 종노릇 한 데서 벗어나 하나님 자녀들의 영광의 자유에 이르게 된다는 사실이다(롬 8:20-21).

이런 사랑의 하나님이라는 개념은 어디에서 오는 가? 이것은 추론이 아니다. 바울이 신을 너무 원해서 자기 맘대로 신을 꾸며 낸 것이 아니다. 이 신은 세상의 기초가 쌓이기 전부터 '말씀'이셨으며, 죽임을 당한 어린양으로서 고난을 당하신 분이다. 이분이 당신과 내가 지금은 상상도 할 수 없는 놀라운 것들을 수없이 예비해 놓으셨다. 그래서 당신의 고통은 헛되지 않다. 이분은 이 사실을 성경에서 충분히 알려 주셨다.

SUFFERING
IS *NEVER* FOR
NOTHING

CHAPTER 2

영문도 모른 채 휘몰아치는 고난의 한복판, 복음이 애타게 울려 퍼지다

"나는 하나님이다!
널 사랑한다!
널 향한 내 뜻은 기쁨이다!"

나는 고통이 하나님께서 우리의 관심을 끌려고 내
놓으신 방법 중 하나라고 생각한다. 실제로 C. S. 루이
스도 그렇게 말했다. "하나님은 우리의 즐거움을 통해
우리에게 속삭이시고, 우리의 양심을 통해서는 말씀
하시지만, 우리의 고통을 통해서는 외치신다. 고통은
귀먹은 세상을 깨우는 하나님의 확성기다."[6]

이번 장에서는 하나님이 우리의 관심을 끌어 말씀
하시려는 몇 가지 메시지를 생각해 보고 싶다.

우선 성경에서 가장 오래된 책이 욥기라는 사실이
내게는 흥미롭고도 매우 중요해 보인다. 욥기는 성경
전체를 통틀어 고통이라는 주제를 가장 직접적으로
다룬 책이다. 욥은 흠이 없는 의인으로 불렸다. 하나
님이 직접 욥을 흠 없는 사람으로 선포하셨다. 이 사실
이 중요한 것은 선인은 복을 받고 악인은 벌을 받는다
는 것이 오늘날 도덕에 관한 통념이기 때문이다. 그런
데 욥의 상황은 이런 통념을 완전히 뒤엎는 것처럼 보
인다.

욥은 모든 것을 잃었다. 폭풍우에 휩쓸려 열 자녀

가 모조리 목숨을 잃었다. 그렇게 많던 가축들도 깡그리 죽었다. 그야말로 집안이 풍비박산이 났다. 부와 명성을 한 몸에 지녔던 사람이 하루아침에 세상에서 말하는 부와 복의 상징을 다 잃었다. 하지만 파멸은 거기서 멈추지 않았다. 몸도 아프기 시작했다. 고통스러운 종기로 몰골이 완전히 변해 친한 친구들조차 알아보지 못할 지경이 되었다. 이 모든 일은 영문도 모른 채 일어났다.

이 모든 일에 이면의 드라마가 있다는 사실을 기억하는가? 우리는 알지만 욥은 꿈에도 몰랐던 상황은, 하늘에서 사탄이 하나님께 도전했다는 것이다. 사탄은 이렇게 말했다.

"물론 욥은 당신을 믿죠. 하지만 아무 득이 되지 않아도 믿을까요? 모든 복을 거두어 가면 저놈의 믿음은 당장 사라질 겁니다."

하나님은 사탄의 도전을 받아들이셨다. 여기서 우리는 도무지 설명할 수 없는 불가사의를 마주한다. 사실, 사탄이 욥에게 관심을 갖게 만든 분이 바로 하나님이셨다. 설상가상으로 하나님은 사탄이 욥의 전부를 앗아 가도록 허락하셨다.

그리하여 욥은 가축과 종, 자식들, 집에 이어 결국 아내의 신뢰까지 잃어버렸다. 그리고 잿더미 위에 앉아 있는데 건강까지 나빠져 질그릇 조각으로 온몸을 마구 긁는 지경까지 되었다. 이 엄청난 고통과 불행 속에서도 욥은 7일 동안 아무런 말도 하지 않았다. 좋았던 시절에 찾아온 것으로 보이는 친구들도 가만히 앉아 욥을 지켜보기만 할 뿐 7일 동안 한마디도 하지 않았다. 그러다 마침내 욥이 침묵을 깨고 하나님께 불평을 쏟아 냈다.

우리는 흔히 욥을 참을성 많은 사람으로 여기지만, 욥기를 읽어 보면 참을성의 흔적은 그리 많이 보이지 않는다. 하지만 그는 하나님의 존재만큼은 의심하지 않았다. 물론 그는 하나님에 관해서 할 수 있는 최악의 말을 했다. 그런데 하나님이 이런 말조차 기록으로 남기신 것이 흥미롭지 않은가?

하나님은 우리가 쏟아 내는 그 어떤 것도 받아 주

실 만큼 크시다. 또한 하나님은 우리에게 교훈을 주고자 욥의 불평과 불만을 기록으로 남기셨다. 그러니 하나님께 정말 하고 싶은 말이 있다면 망설이지 말고 하라. 하나님은 당신이 생각하기도 전에 당신의 생각을 아시며, 당신이 행할 생각을 하기도 전에 당신이 행할 일을 아시기 때문이다.

참을성 많다던 욥이 하나님께 어떤 말들을 쏟아 냈는지 보자. 3장 11절과 20절에서 욥은 하나님께 왜 자신이 어미 배 속에 있을 때 목숨을 거둬 가지 않았냐고 화를 냈다. "왜 내가 죽은 채로 어미의 배에서 나오게 하시지 않았는가! 이렇게 고생할 사람에게 왜 세상의 빛을 보게 하셨는가! 이토록 비참하게 살 사람에게 왜 생명을 주셨는가!"

여기서 욥은 하나님과 대화를 하고 있다. 욥기 전체에서 욥이 하나님의 존재에 의문을 품는 장면은 단 한 곳도 없다. 그는 자신이 이 상황을 하소연해야 할 상대가 하나님이라는 사실을 잘 알았다. 그는 이 모든 상황 이면에 그분이 계심을 알았다.

“왜?”라는 질문은 이유 없이 보이는 고난 이면에 이유와 고난의 설계자가 있음을 전제로 한다. 우주가 우연의 산물이고 인생의 모든 상황이 전적으로 우연에 달려 있다고 믿는다면 “왜?”라는 질문을 던지지 않는다. “왜?”라는 질문은 설사 비신자나 무신론자가 던진다 해도 상황 이면에 누군가, 혹은 어떤 이유가 있다고 의심한다는 결정적인 증거다. 모든 인간의 마음 한편에는 그런 의심이 흐르고 있다.

욥기 10장에서 욥은 이제 하나님께 대놓고 따진다. “이제 저에게서 눈을 좀 떼실 수 없습니까? 잠시라도 저를 좀 혼자 있게 놔두실 수는 없습니까? 당신은 저를 빚고 지으셨습니다. 그런데 이제 저를 파괴하려고 하시다니요. 당신은 진흙을 빚듯이 저를 빚어 지으셨습니다. 그런데 이제는 저를 티끌처럼 갈아 버리고 계십니다.”

이런 심정을 느껴 본 적이 있는가? 하나님이 자신을 갈아

버리고 계신 것만 같은 상황. 하나님이 침을 삼킬 틈조차 주시지 않는 것만 같은 상황.

욥의 친구들은 또 어떤가? 더없이 종교적이었던 친구들. 그들은 신학적으로 옳지 않은 말을 한마디도 하지 않았다. 그들은 하나님의 도를 이해하는 것처럼 굴었다. 이제 그들은 헛된 지식과 쓸데없는 궤변을 늘어놓는다며 욥을 비난하기 시작한다(욥 15:2). 욥이 하나님을 조금도 경외할 줄 모른단다. 욥이 전능자에게 맞서고 있단다.

물론 친구 엘리바스가 욥을 쓸데없는 궤변을 늘어놓는 사람이라고 부른 것은 똥 묻은 개가 겨 묻은 개를 나무라는 격이다. 하지만 욥은 '그를 꺾으시며 그의 목을 잡아 그를 부숴뜨리시며 그를 세워 과녁을 삼으시고 화살들이 사방에서 날아와 사정없이 그를 쏨으로 그의 콩팥들을 꿰뚫고 그의 쓸개가 땅에 흘러나오게 하신' 하나님에 비하면 자신의 친구들과 적들은 아무 것도 아니라고 말한다(욥 16:12-13). 아무리 힘들다 해도 당신 같으면 하나님께 이런 막말을 쏟아 낼 수 있겠는가? 감히 이런 말을 입 밖에 내겠는가?

욥은 하나님께 질문에 질문을 쏟아 낸다. 그러다가 자신이 아무리 많은 질문을 해도 하나님은 단 하나의 질문에도 답해 주시지 않을 거라고 말한다. 그 말이 맞았다. 하나님은 마침내 침묵을 깨시지만 단 하나의 질문에도 답해 주시지 않는다. 하나님은 욥의 불가사의에 그분 자신에 관한 불가사의로 대답하신다.

먼저 하나님은 욥에게 질문 세례를 퍼부으신다. "내가 세상의 기초를 놓을 때 너는 어디에 있었느냐? 새벽 별들이 노래할 때 누가 초석을 놓았느냐? 네가 눈 곳간을 보았느냐? 누가 문들로 바다를 가두었느냐? 네가 깊은 물 밑을 걸어 보았느냐? 네가 아침에게 명령을 내리고 새벽에게 그 자리를 일러준 적이 있느냐? 암사슴이 새끼 낳는 것을 네가 본 적이 있느냐? 말해 봐라. 광명이 있는 곳으로 가는 길이 어디인지 아느냐?"

하나님은 질문에 질문을 쏟아 내신다.

물론 하나님은 이 모든 질문에 맞는 답을 아신다. 그리고 욥이 이런 질문에 절대 답할 수 없다는 사실도 아신다. 하나님은 욥에게 자신이 어떤 존재인지를 보여 주신다.

하나님은 내 고통과 고난을 통해 내게 설명을 주시지 않았다. 대신 나를 직접 만나 주셨다. 바로 이것이 우리에게 필요한 것이다. 최악의 구덩이에 빠졌을 때 누군가 나와 함께해 주는 것보다 더 필요한 것이 또 있을까? 위로의 말을 해 주지 못해도 그냥 곁에 앉아 있어 줄 누군가 말이다.

욥은 하나님의 존재를 부인하지 않았다. 욥은 하나님이 자신의 고난과 전혀 상관이 없을 거라고 생각하지 않았다. 하지만 그는 수만 가지 질문을 품고 있었고 이는 우리도 마찬가지다.

흐름이 너무 갑작스럽게 바뀌는 것처럼 보일지 모르지만 내가 선교사로 사역한 첫해에 있었던 일 한두 가지를 소개하고 싶다. 나는 내가 선교사로서 준비가 아주 잘되어 있었다고 생각했다. 앞서 말했듯이 나는 독실한 기독교 집안에서 나고 자랐다. 우리 부모님도 선교사였고, 수십 명의 선교사들이 우리 집에서 지내다 갔다. 어쩌면 백 명이 넘을지도 모르겠다. 그래서 우리 집은 늘 사람들로 북적였다. 계단에서 여행 캐리어들이 서로 부딪히는 소리가 끊이질 않았다. 아주 어릴 적부터 우리는 식탁에서 수많은 선교사의 이야기를 들으며 자랐다.

나는 선교사 자녀들을 위한 학교에 다녔고 거기서도 선교사들의 이야기를 수없이 들었다. 선교지에 세운 교회들, 세례식, 여름성경학교 사진을 보여 주는 뿌연 화질의 슬라이드를 그야말로 수천 번은 봤을 것이다. 그렇게 선교사들 속에서 먹고 살고 숨을 쉬다 보니 결국 나도 선교사가 되었다. 나 외에도 네 명의 형제자매가 선교사가 되었다. 우리 형제자매는 여섯 명인데, 그중에서 다섯 명은 선교사로 활동하고 여섯째는 기독교 대학의 교수로 일한다.

나는 선교가 하나님이 내게 주신 은사이며 내가 그

일에 필요한 모든 훈련을 완벽히 마쳤다고 확신했다. 나는 성서학교를 졸업했고, CSSM(Canadian Sunday School Mission)에서 국내 선교사(Home Missionary)로도 사역했다. 한마디로, 모든 준비가 더 이상 완벽할 수가 없었다. 하지만 첫해에 하나님은 스스로 완벽하다고 생각했던 내 믿음을 세 번이나 크게 뒤흔드셨다.

첫 번째 시련은 에콰도르 서부 정글에서 아직 문자가 없는 콜로라도 인디언 부족의 언어를 배우려고 할 때 찾아왔다. 콜로라도 부족은 문자가 없어서 자국어 성경을 가지지 못한 매우 작은 부족이었다. 나는 하나님께 그 부족의 문자를 만드는 일을 도와줄 수 있는 사람을 보내 달라고 기도했다. 말이 안 통하는 이방인과의 협력을 끝까지 참아 낼 인내심이 있는 사람이어야 했다.

내 기도 응답으로 하나님은 마카다오(Macadao)를 보내 주셨다. 그는 스페인어와 콜로라도 말을 둘 다 할 줄 알았고 나는 에콰도르 공용어인 스페인어를 배운 상태였기 때문에 약 두 달간 일은 일사천리로 진행되었다.

그러던 어느 날 아침, 나는 평소처럼 내 방에서 무릎을 꿇고 성경을 읽으며 기도하고 있었다. 베드로전서 3장과 4장을 읽다가 "너희를 연단하려고 오는 불 시험을 이상한 일 당하는 것같이 이상히 여기지 말고"(벧전 4:12)라는 대목에 이르렀을 때 총성이 들렸다.

그곳에서 총성이 들리는 건 사실 자주 있는 일이었다. 백인들에게서 사 온 총으로 그 정글의 빈터에서 사냥을 하는 인디언들이 많았기 때문이다. 물론 거기서 사냥을 하는 백인들도 많았다. 그래서 총성을 심심치 않게 들을 수 있었다. 하지만 그날 아침의 총성은 달랐다. 총성 이후에 비명과 말이 질주하는 소리, 사람들이 도망치는 소리가 이어졌다.

황급히 밖으로 나갔을 때 마카다오가 방금 살해당했다는 말을 들었다. 마카다오는 세상에서 그 일을 할 수 있는 유일무이한 사람이었다. 마카다오 말고 스페인어와 콜로라도 말을 둘 다 할 줄 아는 사람은 아무도 없었다.

나는 처음으로 "왜?"라고 절규했다. 욥처럼 나도 하

나님의 존재를 단 한순간도 의심해 본 적이 없었다. 하나님은 실수하시는 법이 없다는 사실을 믿어 의심치 않았다. 하지만 하나님이 도대체 무슨 생각을 하고 계신지 가늠조차 할 수 없었다. 내가 토로하는 "왜?"에 하나님은 "나를 믿어라"로 답하셨다. 어떤 설명도 없었다. 그냥 하나님을 믿으라는 것이었다. 이것이 하나님이 내게 주신 메시지였다.

당시 내 믿음은 하나님이 내 기도에 내가 원하는 응답을 주셔야 한다는 믿음이었다. 그런 믿음이 허물어지기 시작했다. 이제 하나님의 성품 위에 내 믿음을 다시 세워야 했다. 나를 사랑하는 하나님이 내게 이런 안타까운 일을 허락하신다는 모순적인 상황을 하나님께 온전히 맡겨야 했다.

나는 이런 일을 이해할 수 없다. 나는 이런 일을 원치 않는다. 하지만 내게는 두 가지 선택 사항만 있다. 하나님을 하나님으로 믿든가 믿지 않든가. 내 삶이 영원하신 팔에 안겨 있다고 믿든가 우연에 달려 있다고 믿든가. 하나님을 믿든가 부정하든가. 둘 중 하나를 선택해야 한다. 중간 지점은 없다.

사자굴 속에 던져진 다니엘을 생각했다. 우리 집 벽에 걸려 있던 그림을 떠올렸다. 어릴 적에 그 그림을 골똘히 쳐다보곤 했다. 그림 속에서 다니엘이 사자굴 속에 서 있다. 얼굴에서는 빛이 나고, 두 손이 뒤로 묶여서도 당당하게 서 있다. 어둠 속에서는 굶주린 사자들의 이글거리는 눈들이 희미하게 보인다.

그 그림은 내게 하나님의 성품을 굳게 믿는 남자를 보여 주었다. 물론 어릴 적에는 그런 식으로 생각하지 못했다. 하지만 그 그림은 내게 많은 것을 가르쳐 주었다. 그 구덩이 안에는 하나님이 계셨다. 하나님은 다니엘이 사자굴에 들어갈 필요가 없게 해 주시지는 않았다. 요셉이 시기심에 불타는 형들의 손에 구덩이에 던져지거나 감옥에 들어갈 필요가 없게 해 주시지도 않았다. 바울과 실라, 베드로를 비롯한 성경의 많은 인물들이 고난을 피하게 해 주시지도 않았다. 세례 요한이 참수형을 피하게 해 주시지도 않았다.

사드락과 메삭, 아벳느고가 불타는 풀무불에 들어가야 했던 것은 하나님이 그들만을 위한 메시지가 아니라 느부갓네살왕을 위한 메시지를 전하고자 하셨기 때문이다. 왕은 "네가 항상 섬기는 네 하나님이 사자들에게서 능히 너를 구원하셨느냐?"라고 말했다. 그리고 그가 그들을 풀무불에 던지기 전에 한 도발이 기억나는가? "능히 너희를 내 손에서 건져 낼 신이 누구이겠느냐"(단 3:15).

그때 다니엘의 세 친구의 입에서는 실로 놀라운 믿음의 말이 흘러나왔다. "왕이여 우리가 섬기는 하나님이 계시다면 우리를 맹렬히 타는 풀무불 가운데에서 능히 건져 내시겠고 왕의 손에서도 건져 내시리이다 그렇게 하지 아니하실지라도 왕이여 우리가 왕의 신들을 섬기지도 아니하고 왕이 세우신 금 신상에게 절하지도 아니할 줄을 아옵소서"(단 3:17-18).

그렇게 하지 아니하실지라도…….

이것이 우리 모두가 인생의 어느 시점에서는 배워야 하는 교훈이다. 나는 빠르든 늦든 결국 누구나 "왜"라는 고통스러운 질문을 마주한다고 확신한다. 그때 하나님은 "나를 믿어라"라고 말씀하신다. 기도가 당신이 원하는 대로 응답되지 않을 때 당신의 믿음은 어떻게 될까? 세상은 하나님이 당신을 사랑하시지 않는다고 말한다. 하지만 성경은 전혀 다르게 말한다. 산상수훈의 팔복만 봐도 세상의 메시지와는 전혀 다르다. 바울은 하나님을 위해 고난을 받는 것이 자신의 행복이라고 말했다.

우리는 답을 알지 못한다. 하지만 답이 선택의 자유라는 신비 안에 깊이 숨겨져 있다는 것은 안다. 하나님은 아담과 하와를 창조하실 때 그분을 사랑할 수도 있고 거부할 수도 있도록 선택의 자유를 주셨다. 그런데 아담과 하와는 그 자유를 남용했다. C. S. 루이스는 《고통의 문제》(*The Problem of Pain*, 홍성사 역간)에서 이렇게 말한다. "이제 인간은 하나님과 자기 자신에게 혐오스러운 존재요 우주에 어울리지 않는 존재다. 그것은 하나님이 그를 그렇게 만드셨기 때문이 아니라 자신의 자유 의지를 남용함으로써 스스로를 그렇게 만들었기 때문이다."[7]

계속해서 루이스는 이 복잡한 문제를 가장 단순한 형태로 풀어낸다. "만일 하나님이 선하시다면 피조물이 완벽하게 행복하기를 원하시고, 하나님이 전능자라면 그렇게 하실 능력이 있을 것이다. 하지만 피조물은 행복하지 않다. 따라서 하나님께는 선하심이나 능력 중 하나가 없거나 둘 다 없다."[8]

이 의문에 대한 답은 선을 어떻게 정의하느냐에 달려 있다. 옛 사람들은 선을 도덕적인 관점에서 생각했다. 하지만 현대인들은 선을 즐거움과 동일시한다. 즉 현대인들에게는 즐겁지 않으면 선이 아니다. 그런데 아이러니하게도 실제로는 즐거운 것과 선한 것이 거의 상호배타적으로 보인다. 선한 것은 도무지 즐겁지가 않다. 최근에 이런 광고를 봤다. 두 아이가 한 시리얼이 몸에 좋은 자연식품이라는 말을 듣고 이렇게 말한다. "쟤한테 먹여 보자. 쟤는 아무거나 먹잖아. 이게

몸에 좋은 건지 쟤는 모른다고." 그래서 두 아이가 몸에 좋은 시리얼이라서 안 먹는 줄 모르고서 다른 아이가 그 시리얼을 먹게 되는 장면이다.

"내가 좋아하는 건 죄다 불법적이거나 부도덕하거나 살찌게 하는 것이다"라는 말을 들어 본 적이 있을 것이다. 이렇게 즐거운 것과 좋은 것은 상호배타적이라는 것이 세상적인 관점이다. 좋은 것은 즐겁지 않다, 다시 말해 내 행복에 보탬이 되지 않는다는 것이다. 하지만 도덕적 인간은 주로 도덕적 선과 관련이 있다.

고통 중에 예수님을 알게 되면 그분이 우리의 연약함을 공감할 수 없는 대제사장이 아니라는 점을 알게 된다. 예수님은 우리의 모든 상황을 직접 겪으신 분이다. 나는 리처드 백스터(Richard Baxter)의 옛 찬송가 가운데 다음 대목을 정말 좋아한다.

"그리스도는 스스로 지나신 곳보다 더 어두운 곳으로는 나를 인도하시지 않는다."

친한 지인 중에 북아프리카에서 선교사로 섬기는 분들이 있다. 많은 신학생들이 우리 집에서 살다가 갔는데 그들도 그랬다. 그런데 일 년 전쯤 그들에게서 갓난아이를 잃었다는 편지가 날아왔다. 아마도 태어날 때 혹은 태어나서 몇 시간 만에 죽은 것 같다. 편지는 구구절절 고통으로 가득했다.

물론 나는 답장을 해 주고 싶었다. 하지만 나는 내 아기를 잃어 본 적이 없었다. 내가 겪은 일은 좀 달랐다. 나는 딸이 태어난 지 열 달이 되었을 때 그 아버지가 살해당하는 일을 겪었다. 그래서 나는 필(Phill)과 자넷(Janet) 부부의 고통을 정확히 알고 공감한다는 편지를 쓸 수 없었다.

17세기 스코틀랜드 설교자 사무엘 러더포드(Samuel Rutherford)의 편지들을 예전에 읽은 적이 있다. 그는 자녀를 잃은 아버지였다. 마침 내 서재에 그가 두 딸을 잃은 뒤 아내에게 쓴 편지가 있었다. 나는 필과 자넷 부부에게 편지를 쓰면서 그들이 겪은 일을 다 알지는

못하지만 그것을 다 아시는 분을 알고 있다고 말하고
나서 러더포드의 편지를 인용했다.

> 은혜는 어머니의 사랑을 없애지 않고 그것이
> 정련되도록 만물을 새롭게 하시는 분의 바퀴 위에
> 두었소. …… 그분은 눈물을 흘리라고 명령하시오.
> 연민할 줄 아는 대제사장이 되기 위해 인간의
> 마음을 하늘로 가져가신 왕 …… 당신이 마신 잔은
> 아름다우신 예수님의 입술에 닿았던 잔이오. 그분은
> 그 잔을 마셨소.

자넷에게서 이런 답장이 왔다. "고통의 풍랑이 잠
잠해지고, 주님이 그분을 바라보는 우리의 시각을 완
전히 뜯어고치고 계세요."⁹
고통이 그녀의 삶에서 반드시 필요한 도구 역할을
했음을 알 수 있었다. 하나님은 고통을 통해 필과 자넷
부부에게 말씀하셨다. 사랑하는 자녀의 죽음이 아니었
다면 그들 부부는 그 말씀에 귀를 기울이지 않았을지

도 모른다.

그렇다고 해서 고통을 단순화할 생각은 추호도 없다. 필과 자넷 부부가 하나님께 들어야 할 말이 있어서 고통을 겪은 것이라는 단순한 설명을 제시할 생각은 없다. 왜냐하면 그들 부부는 이미 누구보다도 경건한 사람들이기 때문이다.

여기서 또 다른 고통스러운 질문이 고개를 든다. 우리는 "왜 그런 사람에게 그런 일이 일어났을까" 하는 말을 자주 한다. 그들 부부는 누구보다도 선한 사람들이었다. 그런데 왜 그들이 그런 일을 겪어야 했을까? 이번에도 답은 "나를 믿어라"이다.

대학생 시절, 나는 한때 시에 푹 빠져 있었다. 그때 쓴 시 몇 편은 지금 와서 보면 거의 예언처럼 정확해서 나도 놀랄 정도다. 특히, 다음 시가 그렇다. 이 시를 쓸 때 특별히 어떤 이유가 있었는지는 기억이 나질 않지만 왠지 외로움이 나를 찾아올지 모른다는 예감 같은 것이 있었던 것 같다.

주님, 나중에 언젠가

당신의 강하신 손이

철저히 제가 홀로 서야 하는 곳으로

저를 인도할 것입니다.

홀로, 오직 인자하신 내 사랑 당신을 위해서만.

예수님만 볼 수 있다면 저는 만족합니다.

미래를 위한 당신의 계획은 모르지만

제 영은 당신 안에서

완벽한 집을 봅니다.

당신만으로 충분합니다.

주님, 지금 제 모든 바람은

당신만을 향해 있습니다.

어디로든 어떻게든

인도해 주십시오.

당신을 믿습니다.

나는 열여섯 살인가 열일곱 살 때 일기를 쓰기 시
작해서 그 뒤로 지금까지 쭉 써 왔다. 앞의 시를 쓸 당시는 일기를 쓴 지 몇 년 안 되었을 때다. 나는 이번 장을 준비하기 위해 초기에 쓴 일기들을 다시 읽어 보았다. 지금 내가 여기서 말하는 내용에 관해 당시의 내가 무언가를 알고 있었는지 확인하고 싶었다.

내가 남들보다 특별히 많은 것을 안다고 생각하지는 않지만, 그럼에도 내 일기장에서 몇 가지를 발견할 수 있었다. 특히 눈에 들어온 것들 중 하나는 내가 십자가를 노래한 찬송가 가사를 계속해서 인용했다는 점이다.

나는 시기마다 다른 십자가 찬송들을 좋아했다. 내가 대학에서 배운 십자가 찬송 가사 가운데 하나는 "오, 높이 들린 십자가에서 슬픔의 사람이 피를 흘리고 죽은 것이 무슨 의미인지를 제게 가르치소서"다.[10] 내가 아주 어릴 적에 우리 집에서는 아침마다 가정예배를 드리며 찬송을 불렀는데, 그때 배운 찬송 중 하나는 〈십자가로 가까이〉(찬송가 496장-편집자)였다.[11]

내 딸은 이런 찬송가들을 자기 자식들에게 가르쳐 주었다. 두 살밖에 되지 않은 손자 짐(Jim)이 아기그네에 앉은 갓난아기 동생 콜린(Colleen)을 마구 흔들며 "십자가 십자가 무한 영광일세. 요단강을 건넌 후 무한 영광일세"라고 찬양하던 모습을 잊지 못할 것 같다. 그리고 나중에는 콜린도 십자가에 관한 이 심오한 찬양을 따라 불렀다.

내가 인용할 수 있는 십자가 찬송은 끝이 없다. 〈십자가 그늘 밑에〉(찬송가 471장-편집자)는 내가 늘 즐겨 부르던 십자가 찬송이다. 옛 일기장에서 이런 찬송을 마주치면서 이런 질문을 던졌다.

'그때 나는 이런 찬송을 통해 기도를 드리면서 그 기도에 어떤 식으로 응답받을 것이라 상상했을까? 하나님이 내게 어떤 종류의 응답을 주실 거라고 기대했을까? 기적적인 계시를 기대했을까? 십자가 의미에 대한 어떤 본질적인 통찰을 기대했을까? 하나님이 나를 십자가의 신비에 관해서 남들은 모르는 무언가를 아는 영적 거장으로 성장시켜 주시길 기대했을까?'

당시 내가 무슨 생각을 했는지 나도 전혀 모르겠다. 그냥 십자가에 관해 막연하고도 신비롭게만 생각했을 뿐 하나님이 이런 기도의 응답으로 무엇을 하실지에 관해서는 전혀 몰랐다.

하지만 이제 지난 45년을 돌아보면 이런 기도에 응답하는 과정 중에 계신 하나님이 보인다.

"높이 들린 십자가의 의미가 무엇인지 가르쳐 주십시오."

"기독교 신앙의 이 위대한 상징은 과연 무엇을 의미합니까?"

하나님은 나의 이런 질문에 답하고 계셨다.

십자가는 고난의 상징이다. 십자가는 기독교 신앙의 핵심이다. 십자가는 고통에 관한 우리의 질문을 정면으로 다루고 있으며, 세상에 있는 다른 어떤 종교에서도 이런 모습을 찾아볼 수 없다. 다른 모든 종교는 어떤 식으로든 고통에 관한 질문을 회피한다. 하지만 기독교 신앙은 고통의 문제를 그 중심에 두고 있다.

"'십자가 십자가 무한 영광일세'의 의미를 가르쳐 주십시오."

이 기도에 대한 응답은 계시나 설명, 비전을 통해

찾아오지 않는다. 그 응답은 예수님을 통해 찾아온다. 슬픔 가운데 있는 당신과 내게 예수님이 찾아오신다. 그리고 말씀하신다.

"나를 믿으렴."

"나와 함께 걷자."

한번은 네 살 먹은 우리 귀여운 손녀 크리스티아나 (Christiana)가 엄마에게 엉덩이를 맞은 일이 있었다. 특히 같은 잘못으로 하루에 세 번이나 맞았다. 엄마가 부르는데 빨리 뛰어오지 않았기 때문이다. 우리 딸 발레리는 느린 순종을 불순종으로 여긴다. 그리하여 크리스티아나는 그 주일에 세 번이나 엉덩이를 맞았다.

주일 저녁에 교회에 갈 시간이 되어 엄마가 부르자 크리스티아나는 즉시 집에서 나와 자동차로 달려왔다. 겨우 네 살배기가 눈물을 펑펑 쏟으며 팔에 성경책이며 노트와 펜, 머리핀, 헤어 리본까지 온갖 것들을

슬픔 가운데 있는 당신과 내게
예수님이 찾아오신다.
그리고 말씀하신다.
"나를 믿으렴."
"나와 함께 걷자."

한 아름 안고서 나오는 모습이란. 결국 품에 안은 것들이 아이의 팔에서 줄줄 떨어지는 바람에 아이는 거기에 발이 걸려 넘어졌다. 크리스티아나는 눈물을 펑펑 쏟으며 엄마에게 소리를 질렀다. "엄마, 아담과 하와가 죄를 짓지 않았으면 좋았잖아요!"

이 아이는 타락한 세상에서 살기 때문에 고생하고 있었다. 당신과 나도 이 타락한 세상에서 살고 있다.

우리는 이 안타까운 현실을 마주하고 있다. 죄와 고통, 죽음의 현실. 하나님이 이런 일이 일어날 수 있는 세상을 창조하셨다는 사실, 그리고 하나님이 우리를 사랑하신다는 사실, 그러니까 하나님은 누구보다도 우리의 온전함과 기쁨을 원하신다는 사실, 하나님이 우리에게 선택할 자유를 주셨는데 사람이 완성과 기쁨에 대한 자신의 기준이 하나님보다 낫다고 판단하고 사탄의 거짓말을 믿어 죄와 고통이 세상에 들어왔다는 사실…….

이제 우리는 물을 수밖에 없다. "왜 하나님은 이 상황을 바로잡기 위해 아무것도 하시지 않는가?"

이 질문에 기독교가 내놓은 답은 "하나님은 무언가를 하셨다"이다. 하나님은 직접 희생자가 되셨다. 죽임을 당한 어린양이 되셨다.

17세기 시인 조지 허버트(George Herbert)는 이렇게 썼다. "온갖 종류와 크기의 고통. 우리를 잡기 위한 촘촘한 그물과 책략."[12]

19세기 시인 조지 맥도널드(George MacDonald)은 이렇게 말했다. "고통이 개와 창으로 인간 마음의 거짓 믿음을 사냥할 것이다."[13]

이 두 시는 하나님이 하시는 일을 각각 다르게 표현한다.

우리를 붙잡기 위한, 우리에게 이 메시지를 주기 위한 촘촘한 그물과 책략. 시편 46편은 이렇게 말한다. "하나님은 우리의 피난처시요 힘이시니 환난 중에 만날 큰 도움이시라 그러므로 땅이 변하든지 산이 흔들려 바다 가운데에 빠지든지 …… 우리는 두려워하지 아니하리로다"(시 46:1-3).

나 역시 피난처가 절실한 한 사람으로서 이 하나님

의 메시지를 전한다. 이것 역시 시편 46편에 기록된 하나님의 말씀이다. "너희는 가만히 있어 내가 하나님 됨을 알지어다"(10절). 그런데 이 구절은 (좀 속된 표현일지 몰라도 말 그대로) "입을 좀 다물고 내가 하나님인 것 좀 알아라"라고 번역하는 편이 더 적절하고 피부에 와닿는 것 같다.

SUFFERING
IS *NEVER* FOR
NOTHING

CHAPTER 3

상황을 있는 그대로
받아들이지 않으면
한 발짝도 나아갈 수 없다

날 향한 사랑을 믿어야
그분의 최선을
수용할 수 있다

일부 독자들의 경우에는 눈살을 찌푸릴 수도 있는 짧은 이야기 하나로 이번 장을 시작할까 한다. 너무 불쾌해하지 않기를 바란다. 사실, 나는 세 번이나 결혼했다는 이유로 경솔하다는 말을 많이 들었다. 그래서 경솔해 보이고 싶지 않지만 이 책의 주제가 너무 무거워서 좀 가벼운 이야기로 이번 장을 시작하면 좋지 않을까 싶다. 자, 이번 장의 주제와도 잘 맞아떨어지는 이야기를 하나 해 보겠다.

몇 년 전에 일어난 일이다. 남편(라스 그렌)과 나는 앨라배마주 버밍엄에 있었다. 조찬 자리였고, 남편은 자신의 북 테이블을 설치하고 있었다. 그때 테이블마다 좌석표를 설치하는 한 젊은 여자 직원이 남편에게 다가왔다. 남편과 가벼운 이야기를 나누던 그 직원은 갑자기 물었다. "그런데 성이 어떻게 되세요?"

남편이 "저도 엘리엇입니다"라고 말하자 그 여직원은 "강사님 남편 분이세요?"라고 물었다. 남편이 그렇다고 말하자 그녀는 "이상하네요. 남편 분은 성이 다르다고 하던데요"라고 말했다. "네, 사실 제 성은 그렌입니다. 아시다시피 저는 세 번째 남편이죠."

남편의 말에 그 여직원은 걱정스럽게 말했다. "어떻게 하죠? 좌석표는 하나뿐인데요." 그녀는 더없이 진지한 표정이었다. 이에 남편은 빙그레 웃으며 대답했다. "걱정 말아요. 다른 두 남편은 이 세상 사람이 아니니까요. 설마 이곳에 나타나지는 않을 겁니다."

이 이야기가 수용이라는 주제와 무슨 상관일까? 간단하다. 내가 하나님의 은혜로 두 남편의 죽음을 받아들이지 못했다면 내 입으로 이런 이야기를 하지는 못할 것이다. 적잖은 사람이 내게 와서 어떻게 죽은 남편에 관해 이런 경박한 이야기를 할 수 있냐고 물었다. 또한 사별한 몇몇 부인들은 내게 어떻게 남편들을 서로 비교하고 싶은 욕구를 참을 수 있냐고 물었다. 그럴 때마다 나는 참지 않는다고 대답한다.

나는 온갖 측면에서 남편들을 비교해 왔다. 내가 처음 두 남편과 비교해서 매우 후한 점수를 주지 않았다면 라스의 청혼을 받아들이지 않았을 것이다. 세 사람은 서로 매우 다른 사람들이지만 적어도 한 가지 공

통점은 있었다. 그것은 나를 좋아했다는 것이다. 하지만 그 외에 그들은 각자 매우 다른 재능을 갖고 있었다. 라스의 청혼을 받고 고민할 때 하나님이 내 마음속에 떠올려 주신 것 가운데 하나는 고린도전서 12장 말씀이었다. 사람마다 재능이 다르지만 그 모든 사람을 통해 목적을 이루시는 하나님은 똑같다.

나는 이 고난의 문제에서 '수용'(acceptance)이 평강의 열쇠라고 믿는다. 앞서 말했듯이 이 문제의 핵심은 예수 그리스도의 십자가이며, '핵심'(crux)이라는 단어 자체가 '십자가'(cross)를 의미한다. 십자가 사건은 인류 역사상 최악의 일이자 가장 좋은 사건이다. 성경은 십자가를 곧 '하나님의' 사랑이라고 말한다. 우리가 하나님을 사랑한 것이 아니라, 하나님이 우리를 사랑하사 그리스도를 통해 자신의 생명을 우리에게 내주셨다.

성경에서 말하는 사랑은 단순한 감정이 아니다. 분위기나 느낌, 포근함 따위가 아니다. 하나님의 사랑은 감정이 아니다. 그 사랑은 우리를 위한 최선만을 바라시는 의지적인 사랑, 멈출 수 없는 사랑이다.

많은 젊은 사람들이 '하나님의 뜻'이라는 개념을 두려워한다. 하나님이 앞으로 무엇을 하실 줄 알고 어떻게 그분께 삶을 바칠 수 있냐는 것이다. 하지만 그것이야말로 믿음의 본질이 아닌가? 누군가가 당신을 사랑한다고 믿는다면 그를 믿을 수밖에 없다. 하나님의 뜻은 바로 사랑이다. 그리고 사랑은 고통을 기꺼이 견딘다. 하나님이 기꺼이 사람이 되시어 우리의 죄와 슬픔과 고통을 짊어지셨기에 우리는 그분의 사랑이 어떠한지를 안다.

사랑은 언제나 희생과 결합해서 나타난다. 부모라면 누구나 이 사실을 이해할 것이다. 아기를 가지면 힘든 시간들을 겪는다. 힘겨운 40주와 산통을 겪고 아기가 태어나면, 엄마들은 진짜 고난은 지금부터 시작이라는 걸 직감한다. 그전까지 아무리 많은 책을 읽고 관찰을 했다 해도 그때부터 잇따를 삶의 변화는 상상조차 할 수 없다. 가정에 새로운 아기 한 명이 들

하나님의 뜻은 바로 사랑이다.
그리고 사랑은 고통을
기꺼이 견딘다.

어오면 그야말로 일상 전체가 변한다.

밤낮으로 희생해야 한다. 하지만 부모는 이 희생을 두고 자신의 신세를 한탄하지 않는다. 힘에 부칠 때 가끔 한숨을 내쉴지는 몰라도 탄식하거나 불평하지는 않는다. 하지만 이는 아주 명백한 희생이다. 아이에게 자신의 삶을 내주는 진짜 희생이다. 바로 이것이 십자가의 원칙이다. 예수님은 바로 이 원칙을 몸소 실천해 보이셨다. 우리에게 자신의 생명을 내주셨다.

고난은 신비다. 신비는 설명할 수는 없지만 고백할 수는 있다. 기독교는 처음부터 끝까지 신비로 둘러싸여 있다는 사실을 기억해야 한다. 우리가 교회에서 외우는 신조는 믿음에 관해 내놓은 진술들을 모아 놓은 것인데, 그 진술들은 모두 신비를 다룬다.

우리 중에 삼위일체를 확실히 설명할 수 있는 사람이 있는가? 동정녀 탄생을 산부인과 관점에서 설명할 수 있는 사람이 있는가? 예수님의 승천을 속 시원하게 설명해 줄 수 있는 공기역학 전문가가 있는가? 이것들은 다 신비다. 창조, 구속, 성육신, 십자가 고난, 부활과 같은 기독교의 키워드들은 하나같이 다 신비다.

교회에서 우리는 사도신경을 함께 선포한다. 이는 무언가를 설명하는 것이 아니라 단순히 고백하는 것이다. 바로 이것이 기독교의 핵심이다. 하나님은 하나님이시다. 하나님은 삼위일체 하나님이시다. 하나님은 우리를 사랑하신다. 우리는 혼란 속을 떠도는 존재가 아니다. 이런 사실이야말로 내게 우주의 그 무엇보다 큰 용기와 안정감, 평강을 준다. 삶의 모든 것이 무너져 내리는 것만 같을 때마다 변하지 않는 이 사실들을 다시 떠올린다. 우주의 그 무엇도 이런 사실을 바꿀 수 없다. 하나님은 나를 사랑하신다. 내 삶은 우연에 달려 있지 않다.

한번은 집회 참석 차 다른 지역으로 가기 위해 남편 라스와 함께 공항에 갔는데, 비행기 시간이 오전 11시 30분이었던 것으로 기억한다. 공항에 10시 30분에 도착했는데 공항은 폐쇄되어 있고, 매표소에서 인도까지 끝없이 줄이 늘어서 있었다. 탑승장 안으로 들어갈 수도 없었다. 모든 비행편이 취소되었고 항공사들은 이 사태에 아무런 책임을 지지 않는다고 했다. 줄을 서서 처음부터 다시 표를 끊어야 했다. 미리 사 둔 표는 아무런 의미가 없었다.

겨울 방학 시즌이라 올랜도 디즈니월드에 가려고 어린 자녀들을 데리고 온 가족들, 친구들과 모처럼 여행을 떠나려던 대학생들도 있었다. 우는 사람, 길길이 날뛰는 사람, 풀이 죽은 사람까지 저마다 다양한 반응들을 보였다.

심지어 어떤 이들은 화를 참지 못하고 주먹을 휘둘렀다. 그들은 불쌍한 매표소 직원들을 실제로 때렸다. 사람들이 이미 탑승을 마친 비행기 한 대가 활주로에 있다는 말이 들렸다. 그들은 공항이 폐쇄되었다는 소식을 들었으나 비행기에서 내리기를 거부했다.

이런 행동을 보이는 사람들은 어떤 시각으로 살아가는 사람들일까? 하지만 이런 난리 속에서도 남편과 나는 우리 삶이 공항 정책이나 날씨에 달려 있지 않다는 사실을 붙들었고 일순간 말할 수 없는 평안이 밀려왔다.

우리는 혼돈 속을 떠도는 존재들이 아니다. 우리 삶은 영원하신 분의 팔에 안겨 있다. 그래서 우리는 눈앞의 상황을 있는 그대로 받아들이고 평안 가운데 거할 수 있다. "주님, 받아들이겠습니다"라고 말할 수 있다.

나는 믿음의 눈으로 하나님을 바라봤다. 그 믿음으로 이렇게 말할 수 있었다. "하나님, 지금 당신이 행하시는 일이 마음에 들지는 않습니다. 이해할 수도 없습니다. 오늘 제가 강연하러 가는 지역의 영혼들을 꼭 돌봐 주셔야 합니다. 주님이 만사를 다스리시는 줄 믿습니다."

나는 하나님이 우주를 다스리신다고 믿는다. 온 세상이 그분의 손안에 있고 내 삶도 마찬가지다.

바로 이런 믿음이 수용의 열쇠다. 고난이 헛되지 않다는 믿음이 수용의 열쇠다. 믿음은 도덕적, 영적 균형을 잡아 주는

우리는 혼돈 속을 떠도는 존재들이 아니다. 우리 삶은 영원하신 분의 팔에 안겨 있다. 그래서 우리는 눈앞의 상황을 있는 그대로 받아들이고 평안 가운데 거할 수 있다.

중심점이다. 시소를 생각해 보라. 시소는 중심점에 놓일 때 균형을 유지한다. 내 도덕적, 영적 균형은 믿음의 안정성에 달려 있다. 그리고 물론 믿음은 예수 그리스도라는 반석 위에 놓일 때만이 안정적이다.

믿음은 사랑과 같은 감정이 아니다. 이 점을 분명히 이해해야만 한다. 믿음은 감정이 아닌 의지적인 순종의 행위다. 예수님은 몇 번이고 이렇게 말씀하셨다.

"두려워하지 말라."

"너희는 마음에 근심하지 말라."

"하나님을 믿으니 또 나를 믿으라."

"받아들이라. 십자가를 지고 따르라."

예수님은 제자가 되는 조건 세 가지를 명시하셨다. 첫째, 자신의 권리를 포기해야 한다. 둘째, 자신의 십자가를 져야 한다. 셋째, 그분을 따라야 한다. 내가 생각하는 권리 포기는 자신에게 "노"(No)라고 말하는 것이다. 그리고 십자가를 지는 것은 하나님께 "예"라고 말하는 것이다. "주님, 당신이 무엇을 주시든 받아들이겠습니다. 예, 예, 예!"

영국의 한 해변에 있는 목사 사택에 새겨져 있다는 옛 격언을 들은 적이 있다. "그다음 할 일(next thing)을 하라"라는 색슨족 격언이다. 이 지혜의 말보다 더 단순한 평강의 공식은 없을 것 같다. 스트레스와 걱정을 물리치는 최고의 방법이 아닌가 싶다. 그다음 할 일을 하라. 이 방법으로 나는 많은 고민과 근심을 날려 버렸다.

짐 엘리엇의 사망 소식을 들었을 때 나는 다른 네 명의 부인과 함께 셸 메라(Shell Mera)라고 하는 지역의 항공 선교 기지에서 남편들의 소식을 기다리고 있었다. 마침내 다섯 명이 모두 창에 찔려 죽었다는 충격적인 이야기를 들었고 우리는 결정을 해야 했다. 정글의 선교 기지로 돌아갈 것인가, 아니면 다른 무엇을 해야 할 것인가?

나는 정글로 돌아갔다. 다른 선택 사항은 고려조차 하지 않았다. 무엇보다도 나는 짐 엘리엇과 결혼하기 전부터, 아니 약혼하기 전부터 선교사였기 때문이다. 나의 선교 사명은 조금도 변하지 않았다. 나는 단 한 명의 선교사도 남지 않은 선교 기지로 돌아가 남편과 둘이 해 오던 일을 이어 가야 했다. 내게는 집중해야 할 일이 있었다.

내가 맡아 지도해야 할 약 사십 명의 남학생들이 있었다. 내가 선생님은 아니었지만 일종의 책임자라고 할 수 있었다. 갓 태어난 교회도 있었다. 약 오십 명의 세례교인이 성경책도 없이 예배를 드리고 있었기 때문에 성경 번역도 시급했다. 약 열두 명의 여자아이들도 맡아 자기네 말로 읽는 법을 가르치고 있었다. 또 그렇게 해야 내가 진행 중인 성경 번역이 나중에 완성되면 그 아이들이 번역본을 읽을 수 있기 때문이었다.

그뿐만 아니라 내가 돌봐야 할 생후 10개월 된 우리 딸아이도 있었다. 이외에도 디젤 발전기 운전법을 배우고, 약품을 나눠 주고, 틈틈이 출산을 돕는 등 정글 기지에서 해야 할 일이 수만 가지였다.

눈코 뜰 새 없이 바빠서 주저앉아 신세한탄을 할 시간이 없었다. 나는 계속해서 그다음 할 일을 했다. 그리고 언제나 그다음 일을 마치면 또 그다음 할 일이 있었다.

두 번째 남편 애디슨 레이치가 암으로 세상을 떠났을 때는 고도로 문명화된 집에서 살았지만 역시나 할 일은 산더미였다. 설거지도 하고 마루도 청소하고 빨래도 해야 했다. 이 모든 일이 당시 나의 해방구였다.

2년 전, 외손주 네 명을 잠시 맡아 돌본 적이 있다. 딸아이 내외가 갓 태어난 다섯째를 데리고 멀리 여행을 갔기 때문이다. 나 혼자서 그 아이들을 돌보기는 그때가 처음이자 마지막이었다. 손주들은 캘리포니아 남부에 살고 나는 북동부에 살아서 좀 외롭기는 하지만 대신 황혼 육아에 시달리지는 않는다.

여하튼 손주 육아를 시작한 첫날 저녁, 걱정이 되었는지 딸아이가 전화를 했다.

"엄마, 별일 없어요?"

"뭐, 아이들이 워낙 말을 잘 듣기는 하지만 내가 나흘을 더 버틸 수 있을지는 모르겠구나."

아니나 다를까 나는 하루 만에 녹초가 되었다. 나도 하루 종일 해야 할 일이 많지만 젖먹이를 키우는 일에 비할 바가 아니다. 딸이 어떻게 이 일을 매일같이다 해내는지 궁금했다. 그래서 딸에게 물었다.

"얘, 대체 넌 어떻게 이 모든 걸 해내는 거니?"

그러자 딸이 웃음을 터뜨렸다.

"엄마, 전 그냥 엄마가 예전에 가르쳐 준 대로 하고 있어요. 바로 그다음 할 일에만 집중하는 방법 말이에요."

딸은 해야 할 모든 일을 생각하지 말고 그냥 그다음 할 일에만 최선을 다하라고 말했다. 나는 딸의 조언을 받아들여 이후 나흘간의 육아를 성공적으로 마쳤다.

하지만 사실 내가 남편들의 죽음을 이겨 낸 진짜 열쇠는 '수용'이었다. 짐이 죽고 약 6주 뒤, 시어머니에게서 편지 한 통을 받았다. 그전까지 나는 친정과 시댁에 하나님이 함께하시니 다 괜찮아질 거라는 편지를 여러 차례 보냈다. 편지를 통해 나는 걱정할 것이 전혀 없다고 말했다. 시부모님과 우리 부모님은 골백 번 죽는 것 같은 고통을 겪으셨다. 자식이 고통을 겪을 때 부모는 몇백 갑절의 고통을 겪기 마련이다. 하지만 아무리 고통스러운 가운데서도 은혜의 하나님은 우리 안에서 필요한 역사를 행해 주신다.

하나님의 은혜로 회복된 어머님은 내가 감정을 억누르고 있는 건 아닌지 걱정된다는 편지를 보내 왔다. 어머님은 내게 일에 파묻혀서 상황을 이겨 내려는 생각은 잘못이라고 하셨다. 그러다간 결국 탈이 난다고 하셨다. 갑자기 평강이 사라질 거라고 하셨다. 문득 어머님의 말이 옳을지 모른다는 생각이 들었다. '모든 지각에 뛰어난 평강이라는 것이 정말로 있지 않을까? 하나님이 정말로 약속을 이루어 주시지 않을까?'

그때부터 하나님이 내게 주신 약속들을 끊임없이 되새겼다. 그 약속들을 일기장에도 기록했다. 매일같이 하나님은 하루를 버틸 수 있는 약속을 주셨다. 과거에도 현재에도 미래에도 영원히 변함없으신 예수 그리스도. 짐은 과거에 죽었지만 변함없으신 하나님이 현재 나와 함께 계셨다. 사랑하는 사람을 잃은 사람은 앞으로 어떻게 살아갈까 걱정하기 쉽지만, 영원히 변함없으신 하나님으로 인해 나는 전혀 걱정할 필요가 없었다.

어머님은 편지 말미에 에이미 카마이클(Amy Carmichael)의 시를 적어 보내셨다. 카마이클이 선교지에서 편지로 쓴 시였다. "우리의 의지를 굳게 다지고 강화시키는 비바람이 우리에게 들이닥칠 때, 당신의 이름을 위해 우리의 소리를 들으시고 우리를 강하게 붙드소서. 고통스러운 침묵의 세월이 길게 이어지는 동안 우리를 충성스러운 산들처럼 굳게 서게 해 주소서."[14]

정말로 용감한 시가 아닌가? 하지만 클라이맥스는 마지막 대목이다. "하지만 우리의 힘, 우리의 꾸준함으로는 그럴 수 없어 당신의 영원하신 말씀을 의지합니다. 당신이 우리와 함께 계시는 것이 곧 우리의 안전입니다."

하나님이 나와 함께하신다는 이 중요한 진리가 내 가슴 깊이 파고들었다. 또한 내가 에콰도르로 가기 전에 하나님이 주셨던 말씀 가운데 하나는 이

사야 50장 7절이었다. "주 여호와께서 나를 도우시므로 내가 부끄러워하지 아니하고 내 얼굴을 부싯돌같이 굳게 하였으므로 내가 수치를 당하지 아니할 줄 아노라."

물론 나도 여느 사람처럼 이렇게 말하고 싶었다. "하나님, 저를 도와주겠다 약속하셨는데 이렇게 당혹스러운 방식으로 도와주실 줄은 진정 몰랐습니다. 순종하고 충성하려고 애를 쓰는 종을 이렇게 대하셔도 되는 겁니까?"

이런 불평에 돌아오는 하나님의 대답은 늘 똑같다. "나를 믿으렴. 나를 믿어라. 언젠가는 이해할 수 있을 거야. 네 고통은 결코 헛되지 않다."

짐 엘리엇은 목공 실력이 꽤 뛰어난 사람이었다. 그는 정글에서 그 실력을 발휘하여 시멘트 바닥과 나무 벽, 알루미늄 지붕을 갖춘 꽤 근사한 현대식 집을 지었다. 알루미늄 지붕에서 물을 모아 관을 통해 집 안으로 보내는 시스템으로 수세식 변기와 샤워기, 싱크대까지 갖추었다. 또한 그는 그리 예쁘진 않아도 꽤 쓸 만한 가구들을 집 안에 가득 채웠다.

그런데 짐이 가구를 만들 때 도무지 참지 못하던 것이 하나가 있다. 바로 내가 어깨 너머로 쳐다보며 귀찮게 하는 것이었다. "이건 뭐예요?" "이 도구는 무엇에 쓰는 거예요?" "이건 왜 이렇게 하는 거예요?" "저걸 어떻게 여기에 넣어요?"

내가 그렇게 귀찮게 하면 남편은 다른 데에 갔다가 와서 완성품을 보면 알게 될 거라고 말했다. 이 이야기는 더없이 명쾌한 비유가 될 수 있다. 하나님도 짐과 비슷하게 말씀하신다. "나를 믿어라. 지금은 일단 받아들이고 나서 나중에 봐."

이런 상황에서 우리는 선택의 기로에 선다. 하나님이 만사를 다스리신다고 믿을 것인가 믿지 않을 것인가? 하나님을 믿을 만한 가치가 있다고 믿을 것인가 그렇지 않다고 믿을 것인가? 그리고 우리 자신은 어떤가? 우리는 혼돈의 우주와 질서의 우주 중 어떤 우주에서 살고 있는가? 우리는 질서 정연한 우주에서 살고 있는가, 아니면 스스로 알아서 자신의 현실을 계획하고 개척해 나가야 하는가?

수용은 자발적이고 의지적인 행위다. 하나님이 우리에게 무언가를 시키실 때 우리는 "예, 하나님" 하며 받아들여야 한다. 이것이 평강의 열쇠다. 그런데 보통 사람이 "저는 이 고난을 받아들입니다"라고 말하는 것이 정상적인가? 인간 본성에 반하는 것이 아닌가? 자칫 오해할 사람들이 많을 듯싶어 여기서 분명히 이야기하고 넘어가고 싶다. 상황을 받아들인다고 해서 바꿀 수 있거나 바꾸어야만 하는 것을 무조건 받아들이라는 뜻은 절대 아니다.

바꿀 수 있고 바꾸어야만 하는 것들이 있다. 예를 들어, 내가 아는 한 젊은이는 둘째 아이가 태어난 지 일주일밖에 되지 않았을 때 처자식을 버렸다. 주변 모든 사람이 말리는데도 그는 기어이 자신의 뜻을 밀고 나갔다. 2년 뒤 내가 이유를 물어보니 아내와 성격이 너무 안 맞아서 도저히 같이 살 수 없었단다.

세상에서는 이런 일이 항상 벌어지고 있다. 그 젊은이는 그 상황을 바꾸어야 한다고 생각했다. 성격이 맞지 않아서 아내를 버려야 한다고 생각했다. 하지만 이 경우는 바꿀 수 있지만 바꾸지 말아야 하는 상황이다. 그런가 하면 바꿀 수 없는 상황도 많다. 그리고 바꾸어야만 하는 상황도 있다. 예를 들어, 학대를 받는 상황이 그렇다. 따라서 내 말은 모든 것을 받아들이라는 뜻이 아니다. 체념을 권하는 것이 아니다.

사도 바울은 육체에 가시를 없애 달라고 기도했다. 거기에 하나님은 어떻게 응답하셨는가? 그는 하나님께 그 가시를 없애 달라고 세 번이나 기도했지만, 하나님은 "내 은혜가 네게 족하도다"(고후 12:9)라고 대답하셨다. 심한 자만에 빠지지 않도록 육체에 가시를 받았다는 바울의 말은 매우 흥미로우면서도 의미심장하다. 이어서 그는 그 가시가 사탄의 사자라고 말했다.

왠지 모순처럼 들리지 않는가? 바울이 심한 자만에 빠지기를 바라지 않는 것은 사탄이 아니라 하나님이시기 때문이다. 우리가 심한 자만에 빠지면 사탄은 오히려 기뻐할 것이다. 그런데 바울은 자신이 고린도후서 12장에서 기술한 특정한 영적 경험으로 인해 너무 교만해지지 않기 위해서 육체에 가시를 받았다고 했다. 그리고 그 가시가 사탄의 사자라고 말했다.

그렇다면 그 가시는 하나님에게서 온 것인가 사탄에게서 온 것인가? 그 가시는 하나님의 음성인가 사탄의 음성인가? 그 가시는 바로 하나님이 사탄의 사자로 주신 것이다.

성경에 이처럼 모순으로 보이는 사례가 하나 더 있다. 요셉이 형들에게 자신을 애굽으로 보낸 것은 형들이 아니라 하나님이라고 말한 경우가 그렇다. 분명 형들이 요셉에게 몹쓸 짓을 저지른 것이었지만 그럼에도 그를 애굽으로 보낸 것은 하나님이셨다.

육체의 가시에 대한 답이 "노"라고 해도, 그 답이 예수님의 겟세마네 기도라고 해도, 문제를 해결하고 질병을 치유하고 빚을 청산하고 가정의 갈등을 해소해 달라고 기도하는 것은 전혀 잘못이 아니다. 그런 간구를 하나님 앞으로 가져가는 것은 옳고도 적절한 일이다. 간구는 하나님의 뜻에 어긋난 것이 아니다.

하지만 "노"라는 대답이 돌아올 때는 하나님이 더

좋은 무언가를 예비하셨다는 사실을 알아야 한다. 훨씬 더 좋은 무언가가 걸려 있다. 다른 차원, 다른 나라, 보이지 않는 나라가 있다. 지금 우리는 그 나라를 볼 수 없지만 그 나라로 향하고 있고 그 나라에 속해 있다.

이번 장에서 내가 한 모든 말을 완벽하게 정리해 주는 한 구절이 있다. 역시 모순처럼 보이는 이 구절은 시편 116편 12절이다. "내게 주신 모든 은혜를 내가 여호와께 무엇으로 보답할까."

어느 날 이 구절을 읽는데 내가 받은 수많은 복에 대한 감사가 주체할 수 없이 밀려왔다. 편안한 방 편안한 의자에 앉아 아름다운 바다를 내려다보니 감사가 절로 터져 나왔다.

"주님, 얼마나 감사한지 모르겠습니다."

그때 12절 말씀 후반부가 다시 눈에 들어왔다. "내가 여호와께 무엇으로 보답할까." 그리고 다음 구절은 이것이었다. "내가 구원의 잔을 들고"(13절).

하나님께 무엇을 드릴 것인가? 답은 구원의 잔을 받아 드는 것이다.

그렇다면 구원의 잔은 무엇인가? 당연히 구약 시대의 시편 기자는 우리가 흔히 생각하는 좁은 의미의 구원을 말한 것이 아니었다. 더 큰 기쁨으로 이어질 고통이나 슬픔, 그 외에 하

나님이 주시는 잔에 무엇이 들어 있든 나는 그분을 믿기에 그 잔을 기꺼이 받아 들 것이다. 하나님은 언제나 내게 가장 유익한 길을 원하시는 줄 알기에 기꺼이 그 잔을 마실 것이다.

때로 나는 하나님이 마련하신 큰 무언가를 누리기 위해 고통을 경험해야 한다. 고통은 결코 헛되지 않다. 그래서 나는 주님이 주시는 잔에 무엇이 들어 있든 그분의 이름으로 그리고 그분의 은혜로 기꺼이 받아 들 것이다.

CHAPTER 4

'나를 죽이려는 것들'이
희미하게나마
'선물'로 보이기 시작하다

미리 감사하는 사람은
혼란의 바다를
표류하지 않는다

가장 먼저 우리는 현실에 관한 이야기를 했다. 이 왜곡되고 타락한 세상에서 사는 가혹한 현실. 그리고 또 다른 세상, 또 다른 차원에 관한 놀라운 현실. 둘 다 사실이다. 우리는 이 두 현실을 동시에 볼 줄 알아야 한다.

아브라함은 자신이 늙고 아내는 불임이라는 현실을 알고도 하나님이 하신 약속을 믿는 믿음이 흔들리지 않았다. 아브라함은 현실을 분명히 직시했다. 이처럼 그리스도인들은 가혹한 현실을 분명히 볼 수 있어야 한다. 아울러 우리는 다른 차원을 보며 그 영원한 하나님 나라의 관점에서 현실을 해석해야 한다. 그럴 때 하나님이 하신 약속을 믿는 믿음이 흔들리지 않는다. 1장에서 이것을 주제로 다루었다.

2장은 메시지에 관한 이야기였다. 하나님은 우리의 관심을 끌어모아 "나는 하나님이다. 너를 사랑한다. 너를 향한 내 뜻은 기쁨이다"라고 말씀하신다. 우리는 현실과 메시지라는 이 두 측면을 기억해야 한다. 그럴 때 "예, 하나님"이라고 답하면서 그분이 주시는 잔을 받아들이기가 쉬워진다.

바울은 가시가 싫었지만 그것을 기꺼이 받아들였다. 예수님은 잔을 받아 들며 "내 뜻이 아닌 당신의 뜻이 이루어지기를 원합니다"라고 말씀하셨다. 모든 그리스도인에게서 이런 비전과 원칙이 나타나야 한다. 우리는 하나님이 주시는 구원의 잔에 무엇이 들어 있든 받아들일 수 있어야 한다. 그것이 우리의 궁극적인 구속과 완성을 위한 길이다. 구원의 잔 안에는 우리에게 필요한 것 외에는 아무것도 들어 있지 않다.

자, 어떤가? 이제 하나님께 감사할 수 있겠는가? 바로 감사가 이번 주제다. 이 주제와 관련해서 세 가지 생각할 거리를 제시하고 싶다. 무엇보다도 그리스도인들이 세상 사람들과 구별되어야 할 두 가지 측면을 생각해 보기를 바란다.

나는 여러 곳을 다니면서 다양한 그리스도인들을 만나는데, 솔직히 그들이 살아가고 인생의 경험들에 반응하는 모습이 세상의 모습과 전혀 차이가 없어서 씁쓸할 때가 너무도 많다. 다시 말해, 그들이 그리스도인이라는 죄목으로 체포된다면 실제로 유죄 판결을 받을 만한 증거가 있을까? 나는 스스로에게도 늘 이 질문을 던진다. '내가 세상과 어떤 점이 다른가? 최소한 사람들이 나를 주목하면서 저 여성은 무언가 다르다고 말할 만한 구석이 있는가?'

Let Me Be a Woman(진짜 여자가 되게 해 주십시오)이라는 책에서 나는 내가 여자이기 때문에 다른 종류의 그리스도인인 것이 아니라고 말했다. 나는 그리스도인이기 때문에 완전히 다른 종류의 여자가 되어야 하는 것이다.

"저길 봐, 그리스도인이야." "저 여자의 삶을 유심히 지켜 봐. 저 여자는 그리스도인이야." 당신 주변에 이렇게 말할 만한 사람이 있는가? 또한 지인들은 당신의 삶에서 어떤 그리스도인의 증거를 볼까?

그리스도인을 자처하는 우리 모두가 세상과 구별되게 갖추어야 하는 두 가지는 바로 수용과 감사다. 물론 이 둘을 무 자르듯이 구분하기란 매우 어렵다. 선물을 받으면 감사를 표현하기 마련이다. 하지만 우리 모두는 친구나 친척에게 선물을 받고도 별로 고맙지 않았던 경험을 해 본 적이 있다. 그저 상대방에게 감사하다는 말을 듣고 싶어서 주는 선물들이 있다.

하지만 하나님의 선물은 다르다. 그것은 우리에게 무엇이 필요한지 정확히 아시는 분이 주시는 선물이다. 그 선물은 때로 우리의 입맛과 취향에는 맞지 않을지 모르나 우리에게 꼭 필요한 것이다. 하나님은 우리를 들어 쓰심으로써 이루시려는 일에 필요한 모든 것을 주신다. 이 점을 이해하면 무조건 하나님께 "예"로 반응할 수 있다.

"예, 주님, 받아들이겠습니다. 제가 선택한 것은 아니지만 당신이 저를 사랑하시는 줄 알기에 받아들이겠습니다. 언젠가 이것이 제게 꼭 필요한 이유를 알게 되리라 믿습니다. 그래서 기꺼이 받아들이겠습니다. 그리고 나아가 당신께 감사하고 싶습니다. 주님, 감사합니다."

바울은 우리가 모든 일에 감사해야 한다고 말한다. 우리를 변화시키는 것은 살면서 하는 경험들이 아니다. 우리를 변화시키는 것은 그런 경험에 우리가 내보이는 반응이다(엡 5:20). 그리고 이런 반응에서 그리스도인들은 믿지 않는 사람들과 확연히 달라야 한다.

이전 장에서 로건 공항(Logan Airport)이 폐쇄되었을 때 내가 본 사람들의 다양한 반응을 언급했다. 눈물에서 분노, 체념, 평안까지 반응이 천차만별이었다. 우리 모두는 끔찍한 일을 겪고서 오히려 정금이 되는 사람들을 알고 있다. 우리 모두는 시련을 정련의 불로 삼아 철강이나 금처럼 강해지는 사람들을 알고 있다. 반면, 똑같은 일, 심지어 훨씬 덜 나쁜 일을 겪고도 분노나 원망, 불평, 신경질적인 반응을 보인 사람들도 알고 있다.

무엇이 다른가? 경험 자체는 아니다. 바로 반응이 다르다. 그리스도인의 반응은 감사여야 한다.

"주님, 감사합니다. 이것을 받아들이겠습니다."

우리는 세상을 두 부류로 나눌 수 있다. 무엇을 받지 못하면 못 받았다고, 무엇을 받으면 받았다고 불평하는 사람들. 그리고 무엇을 받았든 받지 못했든 무조

건 "하나님, 감사합니다"라고 말하는 사람들.

고난에 대한 나의 기본적인 정의를 기억하는가? 고난은 원치 않는 것을 갖고, 원하는 것을 갖지 못하는 것이다. 이 정의는 치통 같은 지극히 사소한 것부터 세금이나 종양까지 고통의 모든 범주를 아우른다.

내 남편을 죽인 와오라니 부족과 함께 정글에서 사는 것은 보통 힘든 일이 아니었다. 남편이 죽은 지 2년 만에 남편을 죽인 사람들과 함께 살면서 그들을 알아갔다. 당시 나는 담이 전혀 없는 집에서 살았다. 그곳에서는 모든 사람이 그런 집에서 살았다. 그래서 나는 다른 집에서 일어나는 모든 일을 밤낮으로 자세히 들여다볼 수 있었다.

그곳에서 나는 별난 이방인이었기 때문에 철저한 감시를 받았다. 그들에게 내 모든 행동은 이상할 뿐 아니라 흉내 내기 딱 좋은 재미난 행동들이었다. 그곳에서 살기 전까지만 해도 나를 코미디언으로 생각해 본 적은 한 번도 없었다. 그런데 그곳 사람들은 내가 끊임없이 웃겨 주기를 기대했다.

그곳 사람들을 관찰하면서 가장 눈에 들어온 특징 중 하나는 그 어떤 일에도 불평하지 않는 것이었다. 물론 딸아이도 그 정글에서 인디언들과 함께 살았다. 당시 딸아이는 세 살이었다. 그전에는 다른 인디언들과 함께 살았고, 나중에는 다시 돌아와 또 다른 인디언들과 함께 살았다.

그런데 나중에 사위 월트(Walt)는 내게 내 남편들이라면 절대 하지 않았을 말을 했다. "장모님, 그거 아세요? 제 아내는 도무지 불평을 할 줄 몰라요."

자랑스러움에 내 가슴이 부풀어 올랐다. 그런데 갑자기 딸아이의 그런 성품이 나와는 아무 상관이 없다는 것을 깨달았다. 딸아이가 그런 말을 듣는 것은 나를 닮아서가 아니라 오히려 나를 닮지 않아서다. 발레리는 외가보다 친가 쪽을 닮았다. 딸아이의 친가 쪽은 외가 쪽보다 훨씬 유쾌한 사람들이다. 반면, 나는 양가 쪽으로 모두 오랜 염세주의자들의 집안에서 태어났다. 염세주의의 명가라고나 할까.

우리 딸이 불평을 하지 않는 가장 큰 이유는 불평

할 줄 모르는 인디언들과 함께 자랐기 때문이 아닐까 싶다. 우리가 살던 지역은 정말 날씨가 최악이었다. 연간 3,600밀리미터가 넘는 비가 왔다. 그래서 도보로 이동할 때나 카누를 타고 이동할 때나 늘 흠뻑 젖곤 했다. 최소한 무릎 위까지, 때로는 머리끝에서 발끝까지 흙탕물이 튀기도 했다. 게다가 각다귀, 진흙, 곰팡이, 모기까지 불편한 것이 한두 가지가 아니었다.

인디언 여자들은 식량 20킬로그램 정도를 넣은 바구니를 짊어지고 거의 네 시간 거리를 이동해야 했다. 하지만 이마에 건 멜빵을 벗고 "젠장"이라며 바구니를 내려놓는 여자를 단 한 명도 본 적이 없다. 그곳 여자들은 절대 그러지 않았다.

이들은 그리스도인들이 아니었다. 너무 혹독해서 도저히 살 수 없어 보이는 환경을 담담히 받아들이고 오히려 누구보다 기쁘게 사는 그들을 보면서 나 자신이 부끄러워졌다. 또한 불평하지 않는다고 자랑하는 이도 한 명 없었다. 우리도 이 소박한 사람들을 본받아, 매사에 불평하는 대신 "주님, 감사합니다"라고 말하는 습관을 기르자.

지금 우리 딸아이는 자녀를 키우는 모든 부모들의 가장 큰 고민거리 중 하나로 고생하고 있다. 바로 자녀의 불평불만이다. 우리 외손주들은 순종할 줄 안다. 그 아이들은 순종하는 법을 배웠다. 손주들은 아빠와 엄마가 혼낸다고 하면 정말로 혼내는 줄 안다. 하지만 그 아이들이 항상 기꺼이 순종하는 것은 아니다. 항상 웃으면서 순종하는 것은 아니다. 그래서 가끔은 얼굴과 목소리가 풀릴 때까지 자기 방에서 반성하고 오라는 말을 듣곤 한다. "아직 표정이 좋지 않구나. 목소리도 그렇고. 다시 방에 들어가서 표정하고 목소리가 밝아지면 그때 다시 나오렴."

내가 《에이미 카마이클》(*A Chance to Die*, 복있는사람 역간)이라는 전기를 쓰기도 했던 인도 선교사 에이미 카마이클은 어릴 적 북아일랜드의 작은 마을에서 살 때 엄마가 매를 들면 즉시 손바닥을 내밀 뿐 아니라 "엄마, 고맙습니다"라고 말해야 했다고 한다. 정말 엄한 자녀 교육이지 않은가.

　한번은 우리 집에 머물던 한 매력적인 자매에게서 열어덟 살쯤에 예수 그리스도로 인해 삶이 크게 달라진 이야기를 들은 적이 있다. 나는 이런 훈훈한 이야기를 항상 찾고 있다. 예수님이 누군가의 삶에서 실질적이고도 가시적인 변화를 일으켰다는 이야기를 들을 때마다 짜릿한 기쁨을 느낀다.

　그 자매는 한 강연회를 다녀왔다. 영 라이프(Young Life) 모임에서 주최한 강연회였던 것으로 기억하는데, 강연 주제는 부모 공경이었다. 원래 그녀는 대부분의 강연을 한 귀로 듣고 한 귀로 흘렸다. 그런데 그날따라 갑자기 속에서 불꽃이 일었다. '그래, 아빠와 엄마를 공경해야 해. 그런데 나는 지금껏 엄마랑 늘 으르렁거리기만 했구나.'

　"집에 가서 곰곰이 생각하고 또 생각했어요. 자신은 없었지만, 그리고 공경의 의미를 잘 알 수 없었지만, 하나님께 부모님을 공경하게 도와 달라고 기도했죠. 그때 부모님께 불평하고 삐치고 까칠하게 구는 것이 공경과 거리가 먼 행동이라는 걸 깨달았어요."

그 자매는 계속해서 이렇게 말했다. "한번은 어떤 행사에 가고 싶어서 엄마에게 가도 되냐고 여쭈었죠."

당시는 부모님 집에서 살 때라 뭐든 부모님께 허락받아야 했다. 그런데 엄마는 허락하시지를 않았다.

"군말 없이 알았다고 했어요. 내가 말해 놓고도 믿을 수가 없었어요. 내 입에서 그런 말이 나오다니. 내 방으로 가서 의자에 앉아 마음을 진정시켰어요. 내 평생에 엄마랑 다투지 않기는 처음이었어요."

그 자매에게는 그것이 예수 그리스도께 순종하는 첫걸음이었다.

신앙을 고백하고, 기도하고, 성경을 읽고, 찬양하고, 교회에 가는 것은 모두 정말 좋은 일이다. 하지만 그런 신앙생활이 실제 삶에서 어떤 변화를 만들어 내는가? 그 자매는 삶의 태도가 완전히 달라졌다.

"주님, 감사합니다. 엄마가 허락해 주지 않은 것은 예수 그리스도께 순종할 기회입니다."

바로 이것이 이번 장의 첫 번째 요지다. 감사와 수용이 세상과 다른 그리스도인의 차별점이 되어야 한다.

감사에 관해 생각해야 할 두 번째 사실은, 그것이 하나님께 영광이 된다는 점이다. 이 개념은 성경에서 직접 얻었다. "감사로 제사를 드리는 자가 나를 영화롭게 하나니 그의 행위를 옳게 하는 자에게 내가 하나님의 구원을 보이리라"(시 50:23).

1972년 10월 25일로 돌아가 보자. 그날은 잊을 수 없는 중요한 일이 참 많이도 일어났다. 일단, 플로리다주에서 사시는 친정어머니가 여섯 명의 자녀 가운데 세 자녀와 가까이 지낼 수 있는 매사추세츠주로 이사하기로 결정해 거처를 찾고 있었는데 마침 잘 맞는 아파트를 구한 날이다. 가슴 아픈 일도 있었다. 절친한 친구의 아들이 교통사고로 사망한 것이다.

한편 그날 심각한 심장병을 앓는 세 살배기 아들을 둔 젊은 엄마가 우리 집을 방문한 일도 있었다. 우리는 우리 집 거실에 앉아 하나님이 이 일을 통해 주시는 교훈들에 관한 이야기를 나누었다. 그때 우리가 깨달은 교훈 중 하나는 수용과 감사였다. 병이 워낙 심각해서 의사는 그 아이가 언제 침대나 놀이방 안에서 죽은 채로 발견될지 모른다고 말했다. 그 아이가 네 살이 될 때까지 무언가 해 줄 수 있는 것이 없었고 그 아이가 네 살까지 버틸 수 있을지 또한 미지수였다.

같은 날, 남편 애디슨 레이치는 입술에 난 종기 때문에 병원을 찾았다. 하필 그날 아침 나는 작은 종이 한 장에 "모든 종류의 고난을 다루는 법"이라는 글을 썼다. 물론 그때는 그날 일어날 모든 일을 전혀 모르는 상태였다. 따라서 내게 그 글을 쓰게 하신 분은 하나님이라고밖에 생각할 수 없다.

모든 종류의 고난을 다루는 법. 나는 첫째 "인지하라"라고 썼다. 그다음은 "받아들이라", 세 번째는 "그 것을 제사로 하나님께 드리라", 네 번째는 "그 제사와 함께 너 자신을 드리라"였다.

상황이 심각해질 거라는 예감이 있었는지, 그저 지난날들의 교훈을 되새기며 그 글을 썼는지 잘 기억나질 않는다. 어쨌든 그날 오후 병원에서 남편이 암에 걸렸다는 청천벽력과도 같은 소식을 들어야 했다.

다음 날 밤, 입술에 난 종기와 관련이 없는 다른 곳에서 갑자기 출혈이 발생했다. 우리는 두려움과 원망, 걱정에 휩싸였다. 너무 힘들어서 그리스도의 품으로 달려가지 않고서는 배길 수 없는 상황이었다.

그 순간 나는 하나님과 대화하기 시작했다.

"주님, 벌써 한 번 겪게 하신 일이지 않습니까? 제게서 첫 남편 짐을 데려가시지 않았습니까? 이번에는 제 남편을 데려가실 수 없어요!"

그때 하나님은 이렇게 말씀하시는 듯했다.

"어떻게 되든 나를 믿어라."

진작 배웠다고 생각했던 교훈을 처음부터 다시 배워야 한단 말인가? 답답해서 하나님께 물었다.

"주님, 제가 시험에 낙제한 겁니까? 그래서 처음부터 다시 해야 합니까?"

그러자 답이 들려왔다.

"그렇다. 처음부터 다시 해야 한다."

우리는 이런 상황에서 어떻게 하는가? 보통은 울부짖는다. 기도한다. 이유를 묻는다. 하지만 훨씬 더 좋은 반응이 있다. 그 반응은 바로 다음 구절에 명시되어 있다. "감사로 제사를 드리는 자가 나를 영화롭게 하나니 그의 행위를 옳게 하는 자에게 내가 하나님의 구원을 보이리라"(시 50:23).

하나님을 아는 데에 이르는 좋은 우회로가 많다. 하지만 무엇보다 좋은 지름길이 있다. 감사가 바로 그런 지름길 중 하나다. 미리 하나님께 감사하라. 앞으로 어떤 일이 일어나도 그 일은 하나님의 손안에 있기 때문이다. 이렇게 감사하는 사람은 혼란의 바다를 표류하지 않는다.

그런데 고난의 한복판에서 무슨 감사할 거리가 있는가? 바로 하나님은 여전히 사랑이시라는 사실이 감사할 거리다. 이 사실은 조금도 변하지 않았다. 하나님은 여전히 하나님이시다. 하나님이 여전히 만사를 주권적으로 다스리신다. 하나님이 온 세상을 장중에 붙들고 계신다.

하나님은 내 남편이 암에 걸릴 줄, 혹은 그날 우리가 그 사실을 알게 될 줄 이미 아셨다. 창세전부터 아셨다. 따라서 그 일은 하나님께 전혀 뜻밖의 일이 아니었다. 그리고 그 사랑의 하나님은 여전히 나의 기쁨을 원하신다. 이제 나는 이 모든 일에 하나님께 감사할 수 있다. 우리가 감당하기 어려운 끔찍한 일들도 사실이지만 이것들도 엄연히 사실이다. 이런 사실을 보는 사람에게 하나님의 구원이 나타난다.

한편 어려움은 계속되었다. 병원을 다시 찾았더니 이번엔 다른 유의 암이 발견되었다. 두 암은 서로 전혀 관련이 없었다. 병원 주차장에서 남편은 토머스 그레이(Thomas Gray)의 시 "묘반의 애가"(Elegy Written in a Country Churchyard)를 인용해 자기 심정을 표현했다. "저녁 종은 하루의 종말을 알리는 만종을 울리고."[15]

남편의 얼굴은 완전한 절망으로 가득했다. 그의 첫 부인도 암으로 세상을 떠났고 시아버지도 그날 발견된 것과 같은 유의 암으로 세상을 떠나셨다.

그때 나는 하나님께 눈물을 흘리지 않게 해 달라고 기도했다. 그날 밤 남동생 집에서 저녁 식사를 하기로 되어 있었는데 눈물 콧물이 범벅이 되어 그 자리에 앉아 있고 싶지는 않았다. 내 모든 걱정과 두려움을 없애 달라고 구했다.

그리고 하나님께 평생 고난만 겪는 이런 상황에서 제발 벗어나게 해 달라고 기도했는데, 이 기도는 아까 언급한 심장병을 앓는 아이의 엄마에게서 배운 기도다. 그녀는 내게 이런 말을 했다. "평생 내 아이의 병에 끌려다닐 수 있다는 생각이 들었어요. 그래서 남들을 섬길 수 있도록 이런 상황에서 해방시켜 달라고 기도하기 시작했어요."

나는 이 교훈을 가슴 깊이 새겼다. 내게 이런 해방이 얼마나 절실히 필요한지를 그전에는 미처 몰랐다.

그때 짧은 중국어 노래 하나가 생각났다. 제2차 세

계대전 당시 중국 난민들이 이 노래를 부르는 것을 들었던 기억이 난다. "두려워하지 않으리. 두려워하지 않으리. 위를 보며 계속해서 가리. 두려워하지 않으리."[16]

이어서 하나님은 시편 56편 3절을 생각나게 하셨다. "내가 두려워하는 날에는 내가 주를 의지하리이다."

또한 시편 34편 1절도 떠올랐다. "내가 여호와를 항상 송축함이여 내 입술로 항상 주를 찬양하리이다."

이런 상황에서 드리는 송축과 찬양이야말로 진정 의지적인 순종이다. 다른 차원, 다른 시각, 다른 비전이 있기 때문에 나는 상황에 상관없이 하나님을 송축할 것이다. 보이는 것들은 일시적이다. 진정으로 영원한 것들은 보이지 않는 것들이다. 물론 의사가 내린 진단은 사실이었고 나는 그것을 인정하고 믿어야 했다. 하지만 하나님의 말씀도 분명 사실이었다.

나는 다음과 같은 고백을 할 수 있었고 그 고백을 잊지 않도록 일기장에 기록했다.

"종일 좋고 평안함."

내 감정은 종일 좋고 평안했다. 영원의 시각이 아니고서는 말이 되지 않는 고백이다. 세상 사람들에게는 도무지 말이 되지 않는 고백이다. 우리에게 필요한 것은 더 많은 설명이 아니다. 우리에게 필요한 것은 바로 우리의 피난처요 요새이신 예수 그리스도이시다. 그리고 우리에게 그분이 필요하다는 것을 배우기 위해서는 고통이 필요하다.

신약에서 예수님이 행하신 기적들을 생각해 보라. 적지 않은 기적이 사소한 문제를 해결하기 위해 일어났다. 예를 들어, 가나의 혼인 잔치에서 포도주가 떨어져 주인이 난처해진 상황이 그러했다.

당시 포도주는 주식 중 하나였지만, 포도주가 없다고 해서 죽지는 않는다. 잔치에서 두 번째 잔이 반드시 필요하지는 않다. 그런데도 포도주가 떨어졌을 때 예수님은 생애 첫 번째 기적으로 두 잔째 포도주를 제공해 주셨다. 게다가 처음 것보다도 훨씬 맛이 좋은 포도주로 말이다. 포도주가 떨어지지 않았다면 사람들은 예수님을 제대로 알아보지 못했을 것이다.

예수님이 산에서 설교하실 때 배고픈 사람이 5천 명, 혹은 1만 5천 명, 혹은 2만 명이 있었다. 제자들은 그들에게 먹일 음식이 필요하다고 했지만 사실 그들은 자기 집에서 식사를 해도 충분했다. 산에서 집에 돌아가는 사이에 굶어 죽을 일은 없을 것이다. 그래서 그것은 상대적으로 사소한 문제였다. 하지만 예수님은 그런 문제를 해결하시려 기적을 이루셨다.

오늘 당신에게 필요한 것은 무엇인가? 포도주가 떨어졌는가? 굶주렸는가? 38년을 앓아 온 환자나 죽은 아이, 외아들을 잃은 과부, 눈이 먼 채로 태어난 아기, 제자들에게 들이닥친 목숨을 위협하는 풍랑처럼 훨씬 더 심각한 상황인가?

당신에게 필요한 것은 무엇인가? 오늘 당신 삶의 어떤 부분에 예수님이 손을 대 주시길 원하는가? 수년 동안 하나님의 문을 두드렸지만 아직까지 기도 응답을 받지 못했는가? 아무래도 하나님이 당신에게 신경도 쓰시지 않는 것만 같은가? 누군가에게 상처를 받아 마음 깊은 곳에서 분노가 들끓는가? 누군가가 당신에게 인간적으로는 도저히 용서할 수 없는 짓을 저질렀는가?

용서는 실질적인 죄에 대해 하는 것이다. 누군가가 실수로 우리 발을 밟았을 때 "미안합니다"라고 말하는 것과는 다르다. "용서해 주세요"는 실질적인 죄에 필요하다. 예수님은 우리의 이런 필요를 해결해 주신다. 그리고 우리가 이런 필요에 대해 예수님을 의지하면 뭐든 그분이 주시는 것을 받아들일 수 있다. 용서의 은혜든, 기도의 응답을 기다리는 인내심이든, 치유든, 고난 속에 찾아오는 평정이든 다 기꺼이 받아들이며 "주님, 감사합니다"라고 말할 수 있다.

나는 암에 대해 하나님께 감사해 본 적이 없다. 인디언들이 내 남편을 살해한 일에 대해 하나님께 감사해 본 적이 없다. 암이나 살인자에 대해 하나님께 감사해야 한다고는 생각하지 않는다. 하지만 그런 고통스러운 순간에도 온 세상이 여전히 하나님의 장중에 있다는 사실에 대해서는 하나님께 감사해야 한다.

온 우주를 운행하시는 분이 나를 장중에 붙들고 계신다. 십자가에서 상처를 입으신 손은 바로 "일곱 별"(계 1:16, 20; 2:1; 3:1)을 붙들고 계신 손이다. 밧모섬에서 나이 든 사도 요한에게 얹어졌던 손. 그에게 "두려워하지 마라. 나는 스스로 있는 자다. 내가 열쇠를 갖고 있다"라고 말씀하셨던 많은 물소리와도 같은 음성.

이번 장에서 고난 중의 감사와 관련된 세 가지를 이야기하겠다고 했는데, 자세히 설명은 하지 않았지만 세 번째 요지를 이미 이야기했다. 첫 번째 요지는 감사와 수용이 그리스도인들의 차별점이 되어야 한다는 것이었다. 두 번째는 감사가 하나님께 영광이 된다는 것이었다.

고난 중의 감사와 관련된 세 번째 원칙은 앞서 인용한 시편 50편 23절 후반부에 나타나 있다. "감사로 제사를 드리는 자가 나를 영화롭게 하나니 그의 행위를 옳게 하는 자에게 내가 하나님의 구원을 보이리라."

감사는 길을 예비하는 것이다. 너무 고통스러운 상

황(원치 않는 것을 가지고 전심으로 원하는 것은 가지지 못하는 상황) 속에서 감사는 하나님이 우리에게 구원을 보이시기 위한 길을 예비하는 것이다.

그날 남편과 함께 병원을 다녀오고 10주가 흐른 어느 날, 나는 일기장에 이렇게 썼다. "한 번은 끝나고 스물아홉 번이 남았다. 남편은 어제 첫 항암치료를 마쳤다. 모터보트 세 대의 굉음을 내는 화물차만 한 기계의 눈 아래서 3분 30초를 견뎌야 했다. 복도에 있는 고압 위험 표시들, 문짝에 적힌 핵의학이라는 글자, 경보 시스템, 이른 아침 땅에 쌓인 눈, 푸른 하늘 아래 죽 늘어선 벌거숭이 층층나무들, 눈밭을 달리는 우리 집 털북숭이 개……. 이 모든 것과 방사선 치료 장치 속의 모든 움직임, 그리고 남편과 나는 "일곱 별"을 붙드시는 손안에 있었다. 이제 그분이 사랑으로 그 손을 다시 우리에게 얹으신다. 그리고 사랑 가득한 음성으로 말씀하신다. '두려워하지 마라. 두려워하지 마. 나는 죽었다가 다시 살아나 열쇠를 쥐고 있는 하나님이다.'"

엘리사와 그의 종이 산 위에 앉아 있는데 갑자기

그들 주위에 불말들과 불전차들이 가득해졌던 사건이 기억나는가? 그들은 믿음의 눈으로만 그것들을 볼 수 있었다. 마찬가지로, 당신과 나도 보이지 않는 세상에서 벌어지는 일을 알지 못한다. 하지만 그 모든 일이 우리의 완성과 궁극적인 복을 위한 일이라는 것만큼은 확실히 안다.

시편 55편 22절 말씀으로 이번 장을 마치려고 한다. "네 짐을 여호와께 맡기라 그가 너를 붙드시고."

놀랍게도 그리고 감사하게도 여기서 "짐"이라는 단어는 히브리어에서 "선물"과 같은 단어다. 내게는 이것이 인생을 변화시킨 발견이었다. 나를 죽이는 것들에 감사하면 희미하게나마 그것들을 선물로 보기 시작할 수 있다. 하나님이 나 스스로는 절대 선택하지 않았을 것들을 통해서 구원의 길을 가르치기 원하신다는 사실을 깨달을 수 있다.

나는 구원의 잔을 받아 들고 주의 이름을 부를 것이다. "예, 주님"이라고 말할 것이다. "주님, 감사합니다"라고 말할 것이다.

SUFFERING
IS *NEVER* FOR
NOTHING

CHAPTER 5

'상한 마음'이
내가 드릴 수 있는 전부라면
하나님은 그 드림을 멸시하시지 않는다

내 고통도
하나님이 받으시는
제물이 될 수 있다

이제 드림으로 관심을 돌려 보자. 하나님이 주신 선물은 우리 자신만을 위한 것이 아니다. 그 선물은 언제나 하나님께 돌려 드려야 하고, 그 과정에서 그 일은 주변 세상에 반향을 일으킨다. 예수님은 세상의 생명을 위한 떡으로 자신을 드리셨다. 예수님은 "내가 주는 떡은 내 몸이며 세상의 생명을 위해서 주는 것"이라고 말씀하셨다.

예수님은 완벽하고도 완전한 제물로서 자신을 하나님께 드리셨다. 따라서 당신과 나도 세상의 생명을 위해 쪼개지는 떡이요, 부어지는 포도주가 될 준비가 되어 있어야 한다.

하나님께 받은 선물을 사용해 당신에게 큰 복과 기쁨을 더해 준 사람들을 생각해 보라. 내 조카는 재능이 뛰어난 바이올리니스트다. 그런데 그는 자신의 집에서만 바이올린을 켜지 않는다. 그 선물은 세상을 위한 것이기 때문이다. 나는 하나님이 우리에게 주시는 모든 선물이 다 마찬가지라고 믿는다. 처음에는 세상을 위한 것처럼 보이지 않을지 모르지만 궁극적으로는 세상을 위해 사용해야 한다.

내 인생의 가장 큰 선물들에는 내 남편과 딸, 손주들이 있다. 나는 이런 선물들을 간혹 좀 이기적으로 생각하곤 한다. 하지만 이런 선물은 나만을 위한 것이 아니다. 내 몸을 비롯해서 내가 가진 모든 것과 함께 이런 선물을 하나님께 돌려 드려야 한다.

로마서 12장 1절에 기록된 바울의 말을 다들 한 번쯤은 읽거나 들어 봤을 것이다. "그러므로 형제들아 내가 하나님의 모든 자비하심으로 너희를 권하노니 너희 몸을 하나님이 기뻐하시는 거룩한 산 제물로 드리라 이는 너희가 드릴 영적 예배니라."

나는 이 구절의 킹 제임스 역본을 특히 좋아하는데, 그 역본은 이 구절의 마지막 부분을 "지혜로운 예배 행위"로 번역한다. 내 몸을 하나님께 산 제물로 드리는 것은 곧 뇌와 성격, 마음, 감정, 의지, 기질, 편견, 단점까지 몸에 포함된 모든 것을 드리는 것이다. 내 몸은 하나님이 주신 것이니 돌려 드려야 마땅하다. 나는 몸을 비롯해서 내 인생의 모든 것, 말 그대로 모든 것을 하나님이 주신 선물로 본다.

지금부터 내가 하려는 말을 비약으로 여길 사람들이 꽤 있을 것이다. 하지만 당신이 모든 것, 심지어 내가 과부가 된 것까지도 선물로 볼 수 있기를 바란다. 나는 첫 남편이 선교지에서 죽임을 당한 뒤 하나님이 내 과부 상태를 통해 영광받기를 원하신다는 점을 아주 천천히 깨달아 갔다.

내가 과부가 된 것은 내 선택이 아니었다. 그것은 하나님이 허락하신 일이었을 뿐 아니라, 매우 실질적인 의미에서 하나님이 무언가 큰일을 위해 주신 선물이었다. 나는 이 점을 늦게나마 이해했다. 그리고 이것은 나만을 위한 선물이 아니라 불가사의한 방법으로 세상의 생명을 위한 선물이 되었다. 내가 이 점을 꼭 이해할 필요는 없었다. 그저 하나님을 믿는 것만으로 충분했다.

드림이 고난과 연결되어 있다는 관점에서 세 가지 요지를 제시하고 하나씩 설명하고자 한다. 첫째, 모든 것이 선물이다. 둘째, 내가 하나님께 드릴 수 있는 여러 종류의 제물이 있다. 다만 내가 내 삶을 가리켜 제물이라는 표현을 쓸 때 강조점은 상실과 슬픔, 포기가 아니다. 강조점은 하나님이 그분께 돌려 드릴 수 있는 것을 내게 주셨다는 사실이다. 이 점은 조금 뒤에 살펴보기로 하자. 셋째로 가장 중요한 것은 순종의 제사다.

나는 아침에 일어나 가장 먼저 기도하는 습관을 유지하려고 노력한다. 다른 누구와 이야기하기 전에 하나님과 먼저 대화하는 것이 좋다. 특히 나는 감사로 기도를 시작하려고 노력한다. 언제나 감사할 거리가 넘친다. 예를 들면, 내가 아침에 눈을 뜬 것과 아름다운 경관이 내다보이는 편안한 곳에 사는 것에 감사한다. 밤새 단잠을 잔 것, 건강과 힘을 주신 것, 할 일을 주신 것에 하나님께 감사한다.

할 일이 있다는 사실이 너무도 감사하다. 조니 에릭슨 타다와 같은 사람을 생각하면 더더욱 그렇다. 타다는 당신과 내가 그토록 하기 싫어하는 설거지를 한 번만 할 수 있다면 소원이 없겠다고 말할 것이다. 자리에서 일어날 수 있다는 사실이 하나님께 감사하다. 내

집과 남편, 건강, 돈, 음식, 옷, 손주들, 딸 등등 하나님께 감사한 것이 수만 가지다. 당신도 찾아보면 감사할 거리가 끝이 없을 것이다.

그런데 감사 목록에 육체의 가시, 이를테면 내 남편이 아주 가끔 내게 하는 상처 주는 말을 포함시키기는 늘 쉽지 않다. 나는 죄인과 결혼했다. 어디 나만 그런가? 우리가 결혼할 상대는 죄인 말고는 없다. 그런데 불쌍한 우리 남편도 죄인과 결혼했다는 사실을 기억하면 항상 도움이 된다.

그래서 나는 단점을 가진 남편에 대해서도 늘 감사한다. 사실, 우리 남편의 단점이라고 해 봐야 손에 꼽을 정도다. 그래서 하나님이 남편을 통해 내게 주신 선물들에 감사하는 일이 훨씬 더 많다. 하나님께 감사로 돌려 드릴 수 있는 그 선물들에 늘 감사한다.

노예로 팔려 갈 때 요셉은 하나님이 예비하신 미래를 상상조차 할 수 없었다. 하지만 창세기 45장 8절을 보면 요셉은 형들에게 이렇게 말했다. "나를 이리로 보낸 이는 당신들이 아니요 하나님이시라."

사실, 요셉이 당한 일은 매우 끔찍한 일이었다. 질투심에 사로잡힌 형들이 동생을 미워해서 죽이기로 마음을 먹었다가 돈벌이 기회를 발견하고서 동생을 노예로 팔아 버렸다. 그리하여 요셉은 애굽으로 가서 노예가 되었다. 그러다가 결국 감옥에까지 들어갔다. 이것이 하나님의 선물처럼 보이는가? 그런데도 요셉은 자신을 그런 상황으로 내몬 것이 형들이 아니라 하나님이시라고 고백했다.

바울은 자신의 육체에 가시를 받는 것에 관해 이야기했다. 예수님은 아버지께서 주신 잔을 언급했다. 이것들은 사소한 불편 정도가 아니라 큰 고통이었다. 그런데도 요셉은 아들의 이름을 "하나님이 나를 내가 수고한 땅에서 번성하게 하셨다"(창 41:52)라는 뜻의 에브라임이라고 지었다. 요셉을 변화시킨 것은 살면서 겪은 고난이 아니라, 그 고난을 겪으면서 그가 보인 반응이었다. 요셉은 하나님을 신뢰했다.

자, 하나님이 당신과 내게 무언가를 주시는 의도는 무엇일까? 하나님은 그분을 의지하게 만들고 나중에 그분께 감사로 돌려 드릴 수 있는 것을 주시는 것이다.

어릴 때 부모님께 성탄절 선물을 사 드리고 싶은데 돈을 벌 방법이 없었던 기억이 난다. 형제들은 대공황 시대에 신문 배달을 해서 일주일에 25달러 정도를 벌었다. 하지만 나는 오로지 용돈에만 의지할 수밖에 없었다. 그래서 어머니가 먼저 주시지 않으면 성탄절에 어머니에게 돌려 드릴 것이 하나도 없었다. 우리가 하나님에 대해서 이렇지 않은가? 우리는 철저히 부족한 존재들이다. 우리가 가진 모든 것은 하나님에게서 왔다. 그래서 하나님이 주신 것 외에는 드릴 것이 전혀 없다.

헌금 시간에 자주 부르는 "모든 것이 주께로부터 왔으니 이 예물을 주께 바치나이다"라는 가사의 찬송가가 있다(찬송가 70장-편집자). 우리는 모든 것을 주께 받는다. 우리는 모든 것을 주께 받고 감사를 드린 뒤에 나중에 다시 돌려 드린다. 이것이 논리적인 순서다. 모든 것이 선물이요, 모든 것이 돌려 드려야 할 것이다.

이 교훈은 남편이 암으로 고생할 때 내 인생을 바꾼 강력한 교훈이 되었다. 한밤중, 에이미 카마이클이 인생의 흙 두둑이 산만큼 커진다고 말한 시각에 잠에서 깨어나면 남편이 죽기 전까지 일어날지 모르는 온갖 끔찍한 일들이 내 머릿속을 맴돌았다.

의학적으로 볼 때 남편의 죽음은 기정사실이었다. 남편이 생존할 가능성은 전혀 없었다. 그래서 그 사실을 직시했다. 문제는 병원에서 소름끼치는 절단 수술을 예상했다는 것이다. 그런 상황은 도저히 견딜 수 없을 것만 같았다. 그 새벽에 나는 하나님께 울부짖었다. 그러던 어느 날 밤, 눈앞이 훤해졌다. 새벽 두세 시쯤 되었던 것 같다. 남편으로 인한 내 극심한 고통과 고뇌는 하나님이 그분께 돌려 드리도록 내게 주신 것이었다. 다시 말해, 그 고통마저도 선물이었다.

이제 고통과 관련된 드림의 두 번째 요소인 제물 개념을 생각해 보자. 성경에는 제물이라는 단어가 자주 등장한다. 제물을 드리는 제사 행위는 구약 시대에 히브리인들의 삶에서 매우 중요한 부분이었다. 장막 안에서 피의 제사가 매일 이루어졌고, 제사 의식은 온 백성의 삶 전체를 좌지우지했다.

구약 시편에서는 감사의 제사에 관해서도 말한다. 그 두려움의 시간에 나를 찾아온 말씀은 하나님이 상하고 통회하는 마음을 멸시하시지 않는다는 것이었다. 하나님이 원하시는 제사는 상한 심령이며, 하나님은 상하고 통회하는 마음을 멸시하시지 않는다. 여러분 가운데도 상한 심령을 지닌 사람들이 분명 있을 것이다. 그 마음이 당신이 드릴 수 있는 전부라면, 그 드림을 하나님은 멸시하시지 않는다(시 51:17).

당시에는 나 자신이 사르밧 과부처럼 가난하게 느껴졌다. 하나님이 까마귀들을 통해 엘리야를 먹이시다가 까마귀들의 식사 운반이 끝날 것이라고 말씀하셨던 이야기를 기억하는가? 하나님은 엘리야에게 사르밧이라는 동네에 가면 한 과부가 음식을 줄 것이라고 말씀하셨다. 당시 과부들은 지금 우리가 상상도 할 수 없을 만큼 처절한 삶을 살았다. 하지만 이 과부는 그중에서도 가장 불쌍한 과부였다(왕상 17장).

모든 산의 모든 가축을 다 소유하신 전능자 하나님이 엘리야를 대접할 사람으로 왜 하필 더없이 가난한 여인을 선택하셨을까? 사르밧에 도착한 엘리야는 나뭇가지를 줍는 과부를 만나 물 한 잔을 부탁했다. 그리고 이어서 실로 황당하기 짝이 없는 부탁을 한다. 굶어 죽기 직전인 사람에게 떡(빵-NIV)을 구워 달라는 요구를 한 것이다.

나 같으면 이렇게 쏘아붙였을 것이다. "이보세요, 농담도 적당히 하셔야죠. 한 줌 남은 마지막 밀가루와 기름 몇 방울로 손바닥만 한 떡을 구워 죽기 전에 마지막으로 아들과 조촐한 식사를 하려고 나뭇가지를 줍는 게 안 보여요? 굶어 죽기 직전인 사람에게 떡을 구워 달라니, 제정신이에요?"

하지만 그 과부는 엘리야가 하나님의 사람임을 알아보았다. 그러므로 엘리야의 부탁을 들어주는 것은 그녀에게는 곧 하나님께 순종하는 일이었다. 그래서 그녀는 기꺼이 떡을 구워서 그를 대접했다. 그녀는 기름병과 밀가루 통이 바닥나지 않을 것이라는 엘리야의 말을 믿었다. 하나님은 왜 선지자를 가난한 여인에게 보내셨을까? 하나님은 그 여인에게 돌려 드릴 무언가를 주셨다. 하지만 이 얼마나 초라한 드림인가. 밀가루 한 줌과 기름 몇 방울.

한 소년이 예수님께 점심 도시락을 드린 (혹은 제자들이 그 소년에게 도시락을 빼앗다시피 해서 가져온) 이야기를 기억하는가? 소년은 도시락으로 가져온 떡(빵-NIV) 다섯 덩이와 생선 두 마리를 예수님께 드렸다. 그것은 심지어 제자 가운데 한 명도 그렇게 적은 음식으로 그 많은 무리를 어떻게 먹이겠냐고 푸념할 정도로 초라한 드림이었다.

여러분 가운데 자신에게는 하나님께 드릴 것이 없다고 생각하는 사람들이 있을 것이다. 대단한 고난을 겪지도 않은 사람들, 이렇다 할 재능도 없는 사람들, 남들이 선물을 드릴 때 뒤에 숨어서 푸념하는 사람들······.

‘나는 노래를 못해, 설교도 못해, 기도도 못해, 책도 쓸 줄 몰라. 있는 음식을 다 꺼내도 누구 하나 대접할 수 없어. 그래서 나는 절대 주님을 섬길 수 없어. 저 사람이 가진 만큼만 내게도 선물이 있다면 얼마든지 주님께 드릴 텐데.’

자신이 바치는 작은 것이 저 수많은 무리에게 무슨 소용일까 하고 생각하는 독자들이 분명히 있을 것이다. 자신에게는 세상의 생명을 위해 내놓을 것이 없다고 생각하는 이들. 그런 이들에게 말하고 싶다. 과부와 소년이 작은 것을 기꺼이 내놓았기에 하나님은 그것들을 세상에 유익한 무언가로 바꿔 주셨다.

나도 이 사실을 아주 천천히 깨달아야 했다. 내가 이 사실을 저절로 깨달은 영적 거인이라고 생각했다면 오산이다. 내게 손에 쥔 것을 내놓으라고, 드리라고, 제물로 바치라고 계속해서 말씀하신 성령님 덕분에 겨우 깨달았을 뿐이다.

겨우 두 살 먹은 어린 딸이 고사리 같은 손으로 뭉개진 민들레 한 송이를 들고 와 내밀 때 엄마의 심정이

어떨까? 엄마에게 그 민들레 한 송이는 세상 전부와 같다. 왜냐하면 사랑이 그것을 변화시키기 때문이다. 이것이 내가 말하려는 핵심이다. 고통과 사랑은 서로 뗄 수 없게 하나로 연결되어 있다. 사랑은 반드시 희생을 의미한다.

흔히 우리는 아버지와 어머니의 희생을 이야기한다. 하지만 남편과 아내의 희생은 어떤가? 하나님의 영광을 위해 남은 평생 홀로 살기로 결심한 사람들의 희생은? 에이미 카마이클은 하나님이 자신을 독신으로 부르셨다고 믿었으나 처음에는 그것이 두려웠다. 외로움으로 쓸쓸해지지 않을까 걱정이 되었다. 그때 하나님은 그녀의 마음에 시편 34편 22절을 떠올려 주셨다. "그에게 피하는 자는 다 벌을 받지 아니하리로다."

킹 제임스 역본에서는 "그를 믿는 자는 누구도 쓸쓸하지 않을 것이다"라고 번역한다. 이 드림, 이 상함, 이 산 제물에서

고통과 사랑은 서로 뗄 수 없게
하나로 연결되어 있다.
사랑은 반드시 희생을 의미한다.

수십 년을 이어진 위대한 선교 사역이 탄생했다.

싱글인 에이미 카마이클은 수많은 인도 아이들의 어머니가 되었다. 그녀가 성전 매춘에서 구해 낸 아이들과 함께 세운 도나버 공동체(Dohnavur Fellowship) 식구들은 한때 900명을 넘기도 했다. 그녀는 그 공동체에서 53년간 사역했다. 그리고 한 시에서 이런 말을 했다. "주님, 당신의 소중한 집이 더 찬다면 이 땅에서 제 집이 좀 더 빈다 해도 얼마나 큰 보상인지요."[17]

우리가 제물을 드릴 때 하나님이 무엇을 예비하고 계신지 우리는 상상조차 할 수 없다. 그리고 우리의 모든 것이 제물이 될 수 있다.

사람들은 계속해서 내게 외로움을 어떻게 다루느냐고 묻는다. 그럴 때마다 나는 외로움을 다룰 필요가 없다고 말한다.

"정글에서 홀로 오래 지내시지 않았나요?"

그러면 나는 다시 이렇게 대답한다.

"물론 그랬죠. 그곳에서 결혼해서 지낸 시간보다 홀로 지낸 시간이 훨씬 많죠."

"그러면 외로움을 어떻게 다루셨나요?"

그 물음에 나는 이렇게 대답한다.

"외로움을 다룬 적이 없었어요. 다룰 수도 없고요. 단지 외로움을 다룰 수 있는 분께 맡길 뿐이랍니다."

다시 말해, 외로움이 내 제물이 되었다. 따라서 하나님이 내 외로움을 항상 없애 주시지 않는 것은 그분께 드릴 수 있는 것이 내게서 바닥나지 않도록 하기 위함일지도 모른다. 당신이 다룰 수 없는 감정들이 무엇인지 나는 모른다. 하지만 일단, 누구나 외로움은 겪어 본 적이 있을 것이다. 미혼인 사람들은 결혼한 사람은 다 외롭지 않은 줄 알지만, 내가 경험해 봐서 아는데 결혼하면 또 다른 종류의 외로움이 찾아온다.

학창 시절에 예배당에서 한 선교사에게 들었던 말을 평생 잊을 수 없다. 휘튼대학(Wheaton College)에 다닐 때 일주일에 5일은 의무적으로 예배에 참석해야 했다. 그래서 수많은 설교를 들었는데 대부분 기억이 나지 않는다. 하지만 한 여선교사의 말은 잊히질 않았다. 그녀는 예수님께 자신의 점심 도시락을 드린 소년에 관한 이야기를 하면서 이렇게 말했다.

"예수님께 바친 삶이 쪼개진다면 그것은 덩어리는 한 소년의 배밖에 불릴 수 없지만 조각들은 무리를 먹일 수 있기 때문일 수 있습니다."

하나님께 무엇을 드릴 수 있는가? 재능인가? 가정주부로 살기 위한 희생인가? 자식들을 내팽개치고 일을 하러 다니는 정신 나간 여자라는 비난인가? 예수님을 위한 일을 하고 온 세상으로부터 듣는 비난인가? 인정을 받지 못하는 삶인가?

많은 사람이 '사역'(ministry)이라는 단어를 오해한다. 보통 사역 하면 설교자나 찬양, 강연, 저술, 주일학교 교사 등만 떠올린다. 물론 이것들 모두 사역이요, 섬김의 한 모양들이다. 하지만 사역이라는 단어는 단순히 '섬김'(service)을 의미한다. 그리고 섬김은 하나님께 드리는 드림의 일부다.

사람들은 내가 하는 사역 하면 선교 사역이나 저술, 강연 활동을 떠올린다. 하지만 나는 연단 위에서만 살지 않는다. 나는 삶의 대부분을 책상 앞에 앉아 있거나 싱크대나 다리미판 앞에 서 있거나 마트에서 장을 보거나 공항 안에 있는 의자에 앉아서 보낸다. 이 밖에도 사람들이 주목하지 않는 일들을 많이 한다. 이런 순간이 예수님께 드려야 할 순간이다. 언제나 그다음 할 일을 하라.

이것이 고난과 관련된 드림의 세 번째 요소인 순종의 제사다. 내 남동생 톰(Tom)이 세 살쯤 되었을 때였다. 당시 톰은 어머니가 주방 서랍에 넣어 둔 종이봉투를 모조리 꺼내 바닥에 늘어놓는 놀이를 가장 좋아했다. 어머니는 그 놀이를 허락하셨다. 나는 둘째고 톰은 다섯째다. 아마 내가 그랬으면 허락해 주시지 않았을 것이다. 하지만 그즈음 어머니는 육아에 대한 연륜이 더 깊어지기도 했고, 또 한편으로는 동생을 혼낼 기력이 없었을 것이다.

단, 한 가지 조건이 있었다. 주방에서 나오기 전에

늘어놓은 종이봉투를 모두 다시 서랍에 넣어야 했다. 동생은 이 규칙을 완벽히 이해했다. 아이들은 우리가 생각하는 것보다 훨씬 이해력이 뛰어나다. 그런데 하루는 어머니가 주방에 들어가 보니 바닥 여기저기에 종이봉투만 어지러이 널려 있고 톰은 보이질 않았다. 어머니는 거실에서 톰을 발견했다. 거실에서는 아버지가 피아노를 치며 찬양을 부르고 있었다.

"톰, 주방 바닥에 종이봉투를 치우고 오렴."

어머니가 말하자 톰은 더없이 순진한 미소로 어머니를 올려다보며 천사 같은 목소리로 말했다. "엄마, 지금은 〈예수 사랑하심은〉을 불러야 해요."

그러자 아버지는 피아노 연주를 멈추고 그 시간을 순종이 제사보다 낫다는 교훈을 가르칠 기회로 삼으셨다.

어머니에게 순종하지 않으면서 "날 사랑하심 성경에 써 있네"를 목청껏 불러 봐야 아무런 소용이 없다. 가장 고귀한 형태의 예배는 바로 순종이다. 하나님께 드릴 수 있는 것 중에서 순종보다 더 중요한 것은 없다.

에스겔서 24장에 이에 관한 훌륭한 교훈이 숨겨져 있다. 하나님은 인자에게 이렇게 말씀하셨다. "인자야 내가 네 눈에 기뻐하는 것을 한 번 쳐서 빼앗으리니 너는 슬퍼하거나 울거나 눈물을 흘리거나 하지 말며 죽은 자들을 위하여 슬퍼하지 말고 조용히 탄식하며 수건으로 머리를 동이고 발에 신을 신고 입술을 가리지 말고 사람이 초상집에서 먹는 음식물을 먹지 말라"(겔 24:16-17).

다시 말해, 모든 의식적인 애도는 잊어버리라는 것이다. 이에 에스겔은 이렇게 대답했다. "내가 아침에 백성에게 말하였더니 저녁에 내 아내가 죽었으므로 아침에 내가 받은 명령대로 행하매"(겔 24:18).

짧지만 정말로 중요한 것이 무엇인지를 잘 가르쳐 주는 이야기다. "저녁에 내 아내가 죽었으므로 아침에 내가 받은 명령대로 행하매."

나는 순종만큼 위로를 주는 것도 없다는 사실을 깨달았다. 그 이른 새벽에 내 감정들을 하나님께 드렸던

날, 자리에서 일어날 시간이 되었을 때 온갖 단순하고 평범한 일이 산재해 있다는 사실에 하나님께 감사했다. 그다음 할 일을 하라.

하나님은 사르밧 과부, 소년, 에스겔에게 그분께 돌려 드릴 무언가, 남들에게 정말 큰 의미가 있는 무언가를 주셨다. 하나님은 에스겔이 자신의 슬픔을 그분께 돌려 드리고 자리에서 일어나 세상의 생명을 위해 명령받은 일을 하게 해 주셨다. 여기서 하나님이 염두에 두신 것은 에스겔만이 아니었다. 하나님은 에스겔을 세상의 생명을 위해 쪼개진 떡이요, 부어진 포도주로 만들기를 원하셨다.

이제 당신에게 묻고 싶다. 당신 삶에 가장 깊은 영향을 미친 사람들은 누구인가? 내 삶에 가장 깊은 영향을 미친 사람들은 하나같이 고난을 겪은 사람들이다. 왜냐하면 바로 고통 속에서 하나님은 금을 정련시키고, 철을 담금질하고, 항아리를 빚고, 떡을 쪼개어 수많

은 무리가 먹을 수 있는 무언가로 변화시키시기 때문
이다. 내가 바로 그 많은 무리 가운데 한 명이었다.

한번은 한 할머니에게서 놀라운 편지 한 통을 받았
다. 그 할머니는 대공황 당시 어린 나이에 아버지를 여
의었다고 했다. 아버지 친구들은 한 명도 장례식에 오
지 않았다. 그녀는 빌린 옷을 입고 빈소를 지켰고 집은
저당잡혔다. 그녀의 어머니는 졸지에 일곱 아이를 홀
로 키우는 과부가 되었다. 그녀 가족의 재정을 관리해
주어야 할 변호사는 오히려 유산을 편취했다.

장례식을 마치고 집에 돌아왔을 때 그녀의 어머니
는 빗자루를 들어 주방을 쓸기 시작했다고 한다. 지금
와서 돌아보니 그 부드러운 빗자루 소리가 치유 과정
의 시작이었다고 그녀는 회상했다. 그녀의 집은 가난
했고 오랜 세월이 지나서 사람들이 그 힘든 시기를 어
떻게 이겨 냈는지 물었을 때, 그녀는 그저 "기도했습
니다"라고 대답했다. 물론 그녀는 기도만 하지는 않았
다. 기도하면서 그다음 할 일을 했다. 자신의 빗자루
를 들었다.

그래서 오늘 당신에게 말하고 싶다. 하나님은 당신이 받아들일 수 있는 무언가를 당신의 손에 쥐어 주셨다. 그것을 "감사합니다, 주님"이라고 하면서 받아들이라. 그러고 나서 그것을 다시 주님께 돌려 드리라. 내게 큰 힘과 위로를 주는 또 한 구절을 소개한다. 바로 시편 119편 91절 말씀이다. "만물이 모두 주의 종들이기에, 만물이 오늘날까지도 주님의 규례대로 흔들림이 없이 서 있습니다"(새번역).

지금 당신 삶에서 어떤 일이 벌어지는가? 좋은 일인가? 그렇다면 하나님께 감사하기가 쉽다. 나쁜 일인가? 그럴 때에는 오늘도 다른 모든 날처럼 주의 규례들이 변함없이 유지되고 있다는 사실을 기억하라. 이런 영원한 현실은 절대 변하지 않는다. 하나님의 말씀은 절대 부서지지 않는다. 세상과 그 안의 모든 욕망은 언젠가 사라지겠지만, 하나님의 뜻을 따르는 사람은 영원의 일부가 되어 영원히 산다. 고난의 제물을 드리기를 강권한다.

우고 바시(Ugo Bassi)는 이런 말을 했다. "당신의 삶을

이익이 아닌 상실, 마신 포도주가 아닌 부어진 포도주
로 평가하라. 사랑의 힘은 희생에 있고, 가장 많이 고
난을 받은 사람이 줄 것이 가장 많기 때문이다."[18]

CHAPTER 6

우리에게 일어나는 모든 일,
어느 것도 헛되지 않다

애통을 내드리라,
세상을 살릴 기쁨의 기름부음이 되다

1820년, 생후 6주밖에 되지 않은 한 여자 아기의 눈에 염증이 생겼다. 그런데 의사가 뜨거운 찜질약을 바르는 바람에 각막이 타 버렸고, 아기는 그만 영영 앞을 볼 수 없게 되었다. 아이가 자라 아홉 살이 되었을 무렵 그 아이는 이런 시를 썼다.

비록 볼 수 없으나
나는 얼마나 행복한 영혼인가요.
만족하며 살기로 결심했어요.
나는 남들이 누리지 못하는
수많은 복을 누리고 있어요.
눈이 멀어서 눈물을 흘릴 수도 한숨을 쉴 수도 없고,
그러고 싶지도 않아요. [19]

이 소녀는 나중에 〈그 큰일을 행하신〉(새찬송가 615장), 〈예수로 나의 구주 삼고〉(찬송가 204장), 〈저 죽어 가는 자 다 구원하고〉(찬송가 275장-편집자)를 비롯해 8천 편에 달하는 찬송가를 썼다. 그녀의 이름은 바로 패니 크로스비(Fanny Crosby)다. 패니 크로스비 이야기는 꽤 오래전부터 들었지만, 그녀가 아홉 살에 쓴 이 시는 훨씬 뒤에야 알았다. 볼수록 감동적인 시가 아닐 수 없다.

이사야서 58장에 지난 장에 말한 드림의 개념과 잘 맞아떨어지는 구절이 있다.

"주린 자에게 네 심정이 동하며 괴로워하는 자의 심정을 만족하게 하면 네 빛이 흑암 중에서 떠올라 네 어둠이 낮과 같이 될 것이며 여호와가 너를 항상 인도하여 메마른 곳에서도 네 영혼을 만족하게 하며 네 뼈를 견고하게 하리니 너는 물 댄 동산 같겠고 물이 끊어지지 아니하는 샘 같을 것이라"(10-11절).

이 구절에 담긴 한 원칙 이야기를 할까 한다. 바로 '변형'에 관한 원칙이다. 나는 '변화'(transformation)보다는 '변형'(transfiguration)이라는 단어가 좋다. 물론 이 두 단어는 거의 동일하다. 하지만 변화라는 단어는 항상 영광의 의미를 함축하지는 않기 때문에 나는 변형이라는 단어가 더 좋다.

변형. 예수님이 산에서 변형되신 이야기를 다들 기

억할 것이다(마 17:2; 막 9:2). 그 장면에서 고난과 영광, 이 두 가지가 하나로 만난다. 예수님이 변형되실 때 모세와 엘리야가 이야기한 주제가 고난이었기 때문이다. 그리고 앞의 이사야서 말씀은 굶주린 자들에게 우리 자신을 쏟아 주고 그 대신 우리의 필요에 대한 만족, 팔다리에 강함을 얻는 것에 대해 이야기하고 있다. 그럴 때 우리는 물 댄 동산이요 물이 끊어지지 않는 샘처럼 변형된다.

아홉 살 어린 나이에 받는 것보다 주는 것이 더 기쁘다는 사실을 어렴풋이나마 이해하기 시작한 패니 크로스비. 그녀는 세상의 생명을 위해 쪼개진 빵이요, 부어진 포도주였다. 자신을 제물로 드린 그녀의 순종이 세상에 얼마나 큰 파급효과를 미쳤는지는 오직 하나님만 아실 것이다.

잠언 11장 25절은 이렇게 말한다. "구제를 좋아하는 자는 풍족하여질 것이요 남을 윤택하게 하는 자는 자기도 윤택하여지리라."

이 처방을 시도해 본 사람이라면 누구나 그 효과가

얼마나 엄청난지를 잘 알 것이다.

변형은 수용과 감사, 드림에서 자연스럽게 나타난다. 하나님이 주시려는 것을 받고, 하나님이 주신 것에 감사하고, 하나님이 주신 것을 다시 그분께 돌려 드리면 변형이 일어난다. 변형의 개념은 기독교 신앙의 핵심인 위대한 교환의 원칙이다. 변형은 바로 십자가를 통해 이루어진다. 십자가는 우리에게 고난을 면하게 해 주지 않는다. 오히려 십자가는 고난의 상징이다. 그리고 예수님은 우리에게 자신의 십자가를 져야 한다고 말씀하셨다.

우리가 신자가 아니라면 겪지 않아도 될 고난들이 있다. 성경은 우리가 큰 환난을 통해 천국에 들어간다고 말한다. 또한 예수님은 그분을 따르면 사람들이 우리를 체포하고 감옥에 가두고 법정으로 끌고 가고 심지어 하나님의 이름으로 우리를 죽이기까지 할 것이라고 말씀하셨다. 예수님이 이런 말씀을 하신 것은 이런 일이 벌어질 때 우리의 믿음이 흔들리지 않도록 하기 위함이었다.

하나님이 내 기도에 특정한 응답을 주셔야 한다고 멋대로 판단하고 그 판단을 믿음의 근거로 삼으면 그 믿음은 매우 위태로운 믿음이다. 그런 믿음은 인생의 비바람이 불어 닥치는 순간 속절없이 무너질 수밖에 없다. 하지만 영원하신 분의 성품에 믿음을 두면, 그 믿음은 강해서 세상 풍파를 능히 견뎌 낼 수 있다.

고난에 관한 이 메시지가 기껏해야 수박 겉핥기 정도밖에 되지 않는다는 사실을 너무도 잘 안다. 하나님이 산처럼 쌓인 곡식이라면 나는 겨우 참새처럼 그중 곡식 한 알을 쪼아 먹을 뿐이다. 내가 뭐든 잘해 봐야 그 정도밖에 되지 않는다. 지금까지 우리는 하나님이라는 거대한 곡식의 산에서 겨우 작은 새 한 마리의 배를 채울 수 있는 곡식 한 알을 쪼아 먹은 것에 불과하다.

지금까지 우리는 가혹한 현실, 메시지, 수용과 감사, 드림의 문제를 생각해 보았다. 이제 변형에 관해서 생각해 보자. 이번에도 변형을 고난과 연결시키는 세 가지 원칙을 제시하고자 한다. 세 원칙은 바로 십자가,

시각, 패러독스다.

첫 번째 원칙은 십자가의 원칙이다. 생명은 죽음에서 나온다. 하나님께 내 슬픔을 드리면 하나님이 그분의 기쁨을 주신다. 하나님께 내 상실을 드리면 하나님이 그분의 유익을 주신다. 하나님께 내 죄를 드리면 하나님이 그분의 의를 주신다. 하나님께 내 죽음을 드리면 하나님이 그분의 생명을 주신다. 그런데 하나님이 내게 그분의 생명을 주실 수 있는 것은, 그분이 먼저 내게 그분의 죽음을 주셨기 때문이다.

영적 세계만이 아니라 자연 세계에서도 이 원칙이 계속해서 작용한다. 예수님은 자연 세계에서 일어나는 한 가지 사건을 이 원칙에 관한 아주 간단한 사례로 사용하셨다. 그 사건은 이렇다. 예수님이 종려나무 가지와 호산나 외침으로 환호를 받으며 예루살렘에 입성하신 직후 두 제자가 찾아와 나사로의 부활에 관한 소문을 듣고서 그분을 뵈려는 헬라인들이 있다는 말을 전했다.

누구나 기적과 기적을 일으키는 자들을 좋아한다.

인기를 얻으려면 최대한 공개적인 장소에서 최대한 많은 기적을 일으키면 된다. 그러면 사람들이 구름 떼처럼 몰려올 것이다. 예수님은 사람들이 그분의 말씀이 아니라 떡과 생선 때문에 그분께 몰려왔다는 점을 지적하셨다. 이 경우는 나사로의 부활에 관한 소문이 사람들의 관심사였다. 사람들은 기적을 일으킨 사람을 보고 싶어서 예루살렘으로 몰려든 것이었다.

예수님은 이 일을 영광에 관한 제자들의 시각을 뒤엎을 기회로 삼으셨다. 세상은 하나님의 영광에 관한 나름의 관념을 갖고 있다. 세상의 관점에서 말하는 하나님의 영광은 기적을 일으키고 문제를 해결하고 사람들을 치유하는 것이다. 오해하지는 말라. 나는 태양을 멈추실 수 있는 하나님을 믿는다. 하나님은 물을 포도주로, 흐르는 강을 마른 땅으로 바꾸실 수 있다.

하지만 내게 기적이 필요하다고 말하는 설교자가 있다면 이렇게 말해 주고 싶다. "물론 기적이 필요할지 모르지만 내 기도는 겨우 돌이나 구하는 기도일 때가 너무도 많아요. 하지만 하나님이 내게 주고자 하시는 것은 나 스스로 먹을 뿐 아니라 온 세상을 먹일 빵이랍니다."

물론 기적을 달라고 기도해도 좋다. 그런 기도를 자주 하지 않지만, 남편의 암을 고쳐 달라고 기도한 것은 분명 기적을 간구한 것이다. 하지만 결국 그 기도는 "주님, 당신의 뜻이 이루어지게 하소서"로 마무리되었다.

제자들의 경우처럼 영광에 대한 우리의 정의도 뒤집혀야 한다. 예수님은 영광이 무엇인지 우리에게 분명히 알려 주셨다. "예수께서 대답하여 이르시되 인자가 영광을 얻을 때가 왔도다 내가 진실로 진실로 너희에게 이르노니 한 알의 밀이 땅에 떨어져 죽지 아니하면 한 알 그대로 있고 죽으면 많은 열매를 맺느니라"(요 12:23-24).

바로 이것이 십자가의 원칙이다. 예수님은 십자가를 향해 가시는 중이었다. 씨앗만큼 하찮고 눈에 띄지 않는 것이 또 있을까? 밀알 같은 씨앗을 보면 정말 눈에 띄는 점이 하나도 없다. 그리고 그 씨앗은 땅에 떨어지면 사라진다. 다시는 볼 수 없다. 하지만 씨앗이 땅속, 어두운 곳, 아무도 알아주지 않는 곳, 치욕과 죽음 속으로 들어가지 않으면 거기서 아무것도 나오지 않는다. 하지만 그렇게 땅속으로 들어간 씨앗에서 풍년이 나온다. 바로 이것이 교환의 원칙이다.

하나님께 내 죽음을 드리면 하나님이 그분의 생명을 주신다. 내 슬픔을 드리면 그분의 기쁨을 주신다. 내 상실을 드리면 그분의 유익을 주신다. 이것이 위대한 십자가의 원칙이다.

많은 찬송가를 쓴 조지 매디슨(George Mathison)의 이야기를 아는 독자들이 있으리라. 그가 약혼 중에 눈이 멀자 약혼녀는 평생 시각장애인의 수발을 들기 싫어 파혼을 했다. 그때 매디슨은 이런 놀라운 찬송가를 썼다. "오, 나를 버리지 않는 사랑이여, 내 지친 영혼이 당신 안에서 쉽니다. 내가 빚진 생명을 당신께 돌려 드립니다. 당신의 깊은 바다에서 그 생명이 더욱 넘쳐흐릅니다."[20]

내 첫 남편 짐 엘리엇이 스물두 살에 쓴 글도 생각난다. "잃을 수 없는 것을 얻기 위해 지킬 수 없는 것을 내놓는 사람은 바보가 아니다.”

물론 이는 예수님의 다음 말씀을 토대로 쓴 글이다. “나를 위하여 자기 목숨을 잃는 자는 얻으리라”(마 10:39).

예수님은 내 약점, 상실, 죄, 슬픔, 고난을 다른 것으로 교환해 주신다. 우리가 이런 것을 드리면 주님은 대신 수많은 무리가 먹을 만한 것을 주신다.

이 교환의 원칙은 곧 십자가의 원칙이며, 이 원칙의 기원은 창세전으로 거슬러 올라간다. 어린양이 죽임을 당하셨다. 죄라는 것이 생기기 전에 하나님의 마음속에서 피의 제사가 이루어졌다. 희생과 고난, 영광이라는 이 원칙에서 벗어날 길은 없다.

우리 부부는 9월과 10월이 사랑스러운 뉴잉글랜드에서 산다. 남편 라스 그렌은 남부 사람이라서 겨울이 너무 길다고 항상 투덜거린다. 하지만 나는 도토리가 떨어지기 시작하는 계절을 좋아한다. 무엇보다도 사탕단풍들이 새빨간 색과 살색, 연보라색을 비롯한 온갖 아름다운 색으로 세상을 물들이기 때문이다. 그런데 가을의 영광은 죽음의 상징이다. 그 새빨간 색은 죽음의 상징인 피를 떠올리게 한다.

떡갈나무가 귀한 씨앗인 도토리를 내놓지 않으면 그 씨앗이 땅에 떨어져 죽을 수 없다. 그렇게 되면 새로운 떡갈나무들이 탄생할 수 없고 다람쥐들은 굶어 죽을 것이다. 당신과 내가 먹는 모든 것은 무언가가 죽은 결과물이다. 심지어 달걀 하나와 우유 한 잔도 닭과 소가 죽기까지는 하지 않았어도 엄연히 생명을 내준 것이다. 그 외에 우리 식탁 위에 있는 모든 것은 곡식이든 짐승이든 무언가가 죽은 결과물이다. 이렇듯 생명은 죽음에서 나온다. 이 교환의 법칙은 우주를 지배하는 법칙이다. 심지어 별도 죽는다. 천문학자들은 별이 죽는 놀라운 광경을 계속해서 관찰한다.

대학교 4학년 때 나를 영원히 사랑하지 않을 것만 같은 사내와 사랑에 빠져서 수없이 상심하던 시절에 하나님은 내게 역대하 29장 27절의 말씀을 주셨고, 그 뒤로 그 구절은 내게 큰 힘과 위로가 되었다. 그 말씀처럼 나는 내 감정들을 제단에 바쳤다. 내가 감당할 수 없는 감정들이 많았다. 그래서 하나님께 이렇게 말씀드렸다.

"주님, 제 감정이 여기 있습니다. 가져가셔서 새로운 무언가로 변화시켜 주십시오. 한 소년의 도시락과 한 과부의 기름병을 놀랍게 사용하신 것처럼 이 감정도 사용하실 줄로 믿습니다."

그렇게 짐 엘리엇이라는 사내를 향한 사랑의 열병을 하나님께 드렸다.

"번제 드리기를 시작하는 동시에 여호와의 시로 노래하고"(대하 29:27).

놀랍지 않은가? 제사는 언제나 효력을 발휘한다. 번제 드리기 시작할 때 동시에 주님께 드리는 찬양도 시작되었다. 물론 이것은 실제 제사 의식을 지칭한다. 하지만 우리의 영적 삶에서도 제사를 드릴 수가 있다.

이제 고난을 통한 시각의 변형이라는 두 번째 원칙

을 살펴보자. 우리의 시각은 변화되어야 한다. 영광을 품은 무언가로 바뀌어야 한다. 히브리서 11장은 시각에 관해 많은 것을 말해 준다. 히브리서 11장은 아벨, 에녹, 노아, 아브라함과 사라가 믿음으로 한 불가능한 일들을 이야기하다가 13절에서 이렇게 말한다. "이 사람들은 다 믿음을 따라 죽었으며 약속을 받지 못하였으되 그것들을 멀리서 보고 환영하며 또 땅에서는 외국인과 나그네임을 증언하였으니."

이런 사람들은 본향을 찾는 사람들이다. 그들의 마음이 떠나온 본향에 있었다면 돌아갈 기회를 얻을 수도 있었을 것이다. 하지만 그들은 더 나은 본향을 사모한다. 그리고 고난만큼 더 나은 본향을 사모하게 만드는 것이 또 있을까?

내 어린 손녀딸도 똑같은 일로 하루에 세 번 엉덩이를 맞는 고난을 겪으며 "아담과 하와가 죄를 짓지 않았으면 좋았잖아요!"라고 말했다. 심지어 주방에 설거지할 거리나 세탁기에 빨랫감만 넘쳐도 우리는 더 나은 본향을 사모한다.

히브리서 11장의 27절은 모세에 관해서 이렇게 말한다. "믿음으로 애굽을 떠나 왕의 노함을 무서워하지 아니하고 곧 보이지 아니하는 자를 보는 것같이 하여 참았으며." 이것이 변형된 시각이다.

20절로 거슬러 올라가 보면 이런 내용이 보인다. "믿음으로 이삭은 장차 있을 일에 대하여 야곱과 에서에게 축복하였으며." 역시나 변형된 시각이다.

사자들이 빠진 다니엘 이야기를 원하는가? 전혀 그렇지 않다. 왜냐하면 우리는 이야기의 결말을 알기 때문이다. 우리에게는 모두 똑같은 결말로 마무리되는 놀라운 이야기들로 가득한 책이 있다. 모든 이야기가 영광으로 끝난다.

구덩이에 빠진 일을 비롯해서 그 모든 시련과 환난을 삭제한 요셉 이야기를 원하는가? 풀무불에 들어가지 않은 사드락과 메삭, 아벳느고의 이야기를 듣고 싶은가? 패니 크로스비의 더없이 아름다운 찬송가들을 이미 아는 우리에게는 생후 6주부터 빛을 보지 못해 빛을 기억조차 하지 못하는 이 여인의 삶이 더없이 복된 삶으로 보인다. 이야기의 결말을 알기 때문에 이들 삶 속의 모든 상황을 바라보는 우리의 시각이 변형된 것이다.

자넷 클리프트 조지(Jeannette Clift George)는 영화 〈나치의 그늘〉(The Hiding Place)에서 코리 텐 붐(Corrie Ten Boom)으로 분했다. 그녀가 빌리 그레이엄(Billy Graham)이 진행하는 한 프로그램에서 했던 인터뷰가 기억난다. 그레이엄은 코리 텐 붐의 삶을 연구하면서 어떤 점이 가장 인상 깊었는지 물었다. 그러자 그녀는 주저 없이 "기쁨"이라고 대답했다. 개인적으로나 스크린을 통해서나 코리 텐 붐을 본 사람들은 하나같이 주름 사이사이에 주 안에서의 기쁨이 가득 배인 얼굴을 기억한다.

그 기쁨은 어디서 왔을까? 삶의 모든 면이 평안해서였을까? 세상의 기준에서 행복한 삶을 살았기 때문일까? 전혀 아니다. 그녀의 시각이 변형되었기 때문이다. 그리고 그렇게 변형된 시각은 우리 모두에게 큰 유익을 끼쳤다. 우리는 코리 텐 붐의 얼굴에서 보이지 않는 세상에 대한 가시적인 증거를 보았다. 또 다른 나라, 또 다른 차원, 또 다른 시각.

바울은 감옥에서도 찬양할 수 있었다. 또한 그는 감옥에서 기쁨 넘치는 서간문들을 썼다. 특히 빌립보서는 기쁨의 서간문으로 불린다. 바울은 빌립보서 1장 29절에서 놀라운 고백을 한다. "그리스도를 위하여 너희에게 은혜를 주신 것은 다만 그를 믿을 뿐 아니라 또한 그를 위하여 고난도 받게 하려 하심이라."

고난은 은혜요, 선물이다.

골로새서 1장 24절에 기록된 고백은 더욱 놀랍다. "나는 이제 너희를 위하여 받는 괴로움을 기뻐하고."

글이 좀 난해하지 않은가? 하지만 이어지는 말을 보면 이해가 간다. "그리스도의 남은 고난을 그의 몸 된 교회를 위하여 내 육체에 채우노라."

지금까지 우리가 다뤄 온 주제, 곧 인간 고통에 관해서 성경 전체를 통틀어 가장 심오한 구절이 아닌가 싶다. 그리스도의 고난에 관해서 이보다 더 심오한 구절은 찾아볼 수 없다.

감옥에서 바울은 자신의 연약한 육체로 그리스도

의 남은 고난을 채우는 것이기 때문에 고난이 곧 행복이라고 말했다. 당시 바울은 사슬로 묶인 채 두 병사 사이에 있었다. 24시간 내내 그렇게 있으니 프라이버시는 고사하고 그 불편함이 이루 말할 수 없었을 것이다. 하지만 그는 자신이 그런 고난을 통해 그리스도의 몸, 곧 교회를 위해 그리스도의 고난에 관한 전체 이야기를 완성하는 데 일조한다고 말했다. 물론 그 일은 설명할 수 없는 신비로운 방식으로 이루어진다.

이렇게 말하는 독자들이 있을 줄 안다. "이것이 내 고난과 무슨 상관인가? 내 고난은 복음을 위한 것이 아니다."

내가 짐 엘리엇으로 인해 오랫동안 상심했던 것도 복음과 전혀 직접적인 관련이 없다. 심지어 인디언들에게 복음을 전하려다가 죽은 짐도 사실 복음을 전파했다는 이유로 살해당한 것이 아니었다. 남편은 그 인디언들에게 한마디 말도 붙어 보지 못했다. 그들은 남편이 왜 왔는지 전혀 모르고 오히려 남편을 식인종으로 오해했다. 그래서 그들은 잡아먹히기 전에 선제공

격을 해야 한다고 판단했다.

나는 오랫동안 이 문제를 생각했다. 그러다 바울이 단순히 복음 증거로 인해 감옥에서 고난을 당했다는 사실보다 더 깊은 신비가 있다는 결론을 내렸다. 그것은 그리스도께서 내 안에서 고난을 당하신다는 것이다. 나는 그리스도의 몸의 지체이기에 내가 고난을 당하면 그리스도께서 나와 함께, 나를 위해, 내 안에서 고난을 당해 주신다. 내가 고통을 당할 때 그분도 고통을 당하신다.

물론 그분은 십자가에서 고통을 당하셨다. 그분은 내 모든 죄와 슬픔을 짊어지셨다. 하지만 아직 완성해야 할 전체 이야기가 있다. 나는 그것을 이해할 수 없다. 단지 고백하고 받아들일 뿐이다.

마지막으로, 변형 및 고난과 관련된 패러독스들을 살펴보자. 우리에게는 이런 패

나는 그리스도의 몸의 지체이기에
내가 고난을 당하면
그리스도께서 나와 함께,
나를 위해, 내 안에서
고난을 당해 주신다.

러독스를 바라보는 변형된 시각이 필요하다. 성경은 고난을 가지치기에 빗대어 이야기한다. 최상의 열매는 가장 철저한 가지치기에서 나온다. 가장 순수한 금은 가장 뜨거운 불에서 나온다. 내 인생의 가장 깊은 교훈들은 하나같이 가장 깊은 물을 통과할 때 찾아왔다. 가장 큰 기쁨은 가장 큰 슬픔에서 나온다. 생명은 죽음에서 나온다.

마리아가 생각난다. 가난한 십 대 소녀는 하나님께 자신을 겸손히 내드렸다. 자신의 계획, 자신의 소망, 약혼자 요셉에게 부끄러운 짓을 저질렀다며 주변에서 하는 손가락질 때문에 느끼는 두려움까지 다 내드렸다.

하나님의 말씀에 그녀는 즉각적으로 반응했다. "주의 여종이오니 말씀대로 내게 이루어지이다"(눅 1:38).

이렇게 자신을 내드린 희생에서 세상의 구주께서 탄생하셨다. 변형이 일어났다. 이제 마리아는 세상에서 가장 고귀한 여성으로 불린다. 이 모든 것은 겸손에서 비롯했다. 그분을 위해 생명을 잃으면 영생을 얻는다.

사실, 고통 없이 이루어진 구속적인 역사는 없다. 하나님은 그분 앞에 나아와 우리의 고통을 그분께 드리라고 말씀하신다. 그리하면 하나님이 그 고통을 변형시켜 주신다. 십자가에 못 박힐 특권을 받지 않으면, 실제로든 어떤 식으로든 순교당할 특권을 받지 않으면 하나님이 주신 것을 돌려 드릴 특권을 받지 않은 셈이다.

나는 내 존재의 전부, 내가 가진 전부, 내가 하는 모든 것, 내 모든 고통을 그분께 드릴 것이다. 그래서 그 모든 것이 세상의 생명을 위해 변형되게 할 것이다.

자녀에게 거부당하는 고통을 겪고 있는가? 반대로 어릴 적에 부모에게 버림받아 지금도 원망과 고통 속에 살고 있는가? 지금 우리 집에는 생후 열 달 무렵 부모에게 버림받은 학생이 산다. 그 젊은이는 양부모 밑에서 15년을 지냈다.

성경은 하나님이 이런 고난을 변형시켜 주신다고 말한다. 광야를 목초지로, 사막을 샘으로, 썩을 것을 썩지 않는 것으로, 약함을 강함으로, 굴욕을 영광으로, 가난을 부요함으로, 필멸을 불멸로, 이 연약한 육신을 빛나는 몸으로, 내 애통을 기쁨의 기름부음으로, 내 영혼의 무거움을 하나님께 드리면 찬양의 옷으로 바꿔 주신다. 재를 화관으로 바꿔 주신다.

요한계시록 7장 16-17절은 이렇게 말한다. "그들이 다시는 주리지도 아니하며 목마르지도 아니하고 해나 아무 뜨거운 기운에 상하지도 아니하리니 이는 보좌 가운데에 계신 어린양이 그들의 목자가 되사 생명수 샘으로 인도하시고 하나님께서 그들의 눈에서 모든 눈물을 씻어 주실 것임이라."

그랜트 콜팩스 털러(Grant Colfax Tuller)의 시로 이 책을 마치려 한다.

내 삶은 내 주님과 나 사이의 직물 짜기다.

나는 색상을 선택할 수 없고

주님은 꾸준히 일하신다.

주님은 자주 슬픔을 짜시는데,

나는 어리석게도 교만에 빠져

주님이 위쪽을 보시고

나는 아래쪽을 본다는 사실을 망각하곤 한다.

직기가 조용해지고

북이 움직임을 멈춘 뒤에야

하나님은 직물을 펴서 이유를 설명해 주실 것이다.

직물 짜는 분의 능숙한 손에는

그분이 계획하신 무늬에는

검은색 실이 금색, 은색 실만큼이나 필요하다.[21]

우리에게 일어나는 모든 일은 영원한 무늬에 절묘하게 맞아떨어진다. 고통은 헛되지 않다.

주

1. C. S. Lewis, *The Problem of Pain* (New York: HarperCollins, 1940, 1996). C. S. 루이스, 《고통의 문제》(홍성사 역간).

2. Fyodor Dostoevsky, Richard Pevear and Larissa Volokhonsky 번역, *The Brothers Karamazov* (New York: Alfred A. Knopf, 1992 [1879]), 242 and 245. 표도르 도스토옙스키, 《카라마조프 가의 형제들》.

3. F. W. H. Myers, "St. Paul," http://www.sermonindex.net/modules/newbb/viewtopic.php?topic_id=2386&forum=35.

4. 맬컴 머거리지(Malcolm Muggeridge)의 책 *Jesus Rediscovered* (1969). 이 인용문은 엘리자베스 엘리엇의 책 *A Path Through Suffering*에서도 찾을 수 있다.

5. 엘리자베스 엘리엇은 이 인용문을 다른 곳에서도 인용했다. 본 출처가 어디인지는 알려져 있지 않다.

6. Lewis, *The Problem of Pain*, p. 83. C. S. 루이스, 《고통의 문제》(홍성사 역간).

7. 같은 책, p. 61.

8. 같은 책, p. 23.

9. https://www.gutenberg.org/files/42557/42557-h/42557-h.htm.

10. Fanny Crosby and William Howard Doane, https://www.hymnal.net/en/hymn/h/1059.

11. "Jesus Keep Me Near the Cross" was written by Lucy Ann Bennett and James William Elliott, https://www.hymnal.net/en/hymn/h/1076.

12. George Herbert, "Sin (I)"라는 제목의 시, https://www.poetryfoundation.org/poems/44373/sin-i.

13. George MacDonald, "A Book of Strife in the Form of a Diary of an Old Soul—eptember," https://www.poeticous.com/george-macdonald/a-book-of-strife-in-the-form-of-the-diary-of-an-old-soul-september.

14. *Mountain Breezes: The Collected Poems of Amy Carmichael*에 수록된 "Security"라는 제목의 시.

15. Thomas Gray, "Elegy Written in a Country Churchyard," https://www.poetryfoundation.org/poems/44299/elegy-written-in-a-

country-churchyard.

16. 애니 존슨 플린트(Annie Johnson Flint)가 쓴 곡, https://www.hymnal. net/en/hymn/h/678.

17. 원문의 'Guerdon'은 보상이나 배상이다. *Mountain Breezes: The Collected Poems of Amy Carmichael*에 수록된 Amy Carmichael, "Let Me Not Shrink".

18. 우고 바시(Ugo Bassi)의 설교, 출처 불분명.

19. Fanny J. Crosby, *Memories of Eighty Years* (Boston: J. H. Earle & Co., 1906), 25-6, https://archive.org/details/memoriesofeighty00cros/ page/n9.

20. 조지 매디슨(George Mathison)이 쓴 설교, https://www.sermonwriter. com/hymn-stories/o-love-wilt-not-let-go/.

21. https://hymnary.org/person/Tullar_Grant.